초등 문해력
시작부터 완성까

어휘편

초등 문해력
어휘 활용의 힘

어휘를 단순히 암기만 하면 잊어버리기 쉽습니다. 「초등 문해력 어휘 활용의 힘」으로 어휘의 다양한 쓰임을 익히며, 활용을 통해 의미를 저절로 깨칠 수 있습니다. 함께 제공되는 특별 부록 「나만의 어휘 활용 노트」로 문해력의 기초인 어휘 활용의 힘을 강화해 나갑니다.

기본편

초등 문해력
한 문장 정리의 힘 `기본편`

학습량이 많아져 학력 격차가 발생하는 3학년부터는 배운 내용을 효율적으로 정리하고 간추리는 능력이 필요합니다. 「초등 문해력 한 문장 정리의 힘」으로 초등 교과와 연계된 글을 읽고, 상위 1% 노트 포맷에 핵심 내용을 찾아 정리하는 기초 훈련을 하며, 효율적인 학습 방법과 문해력을 기를 수 있습니다.

실전편

초등 문해력
한 문장 정리의 힘 `실전편`

다양하고 깊이 있는 소재의 비문학 지문은 배경지식을 넓혀 줍니다. 「초등 문해력 한 문장 정리의 힘 실전편」으로 '노트 정리'와 '한 문장 요약'을 집중적으로 훈련하며, 초등 문해력을 완성할 수 있습니다. <기본편>으로 기초를 탄탄하게 기르고, <실전편>으로 초등 문해력을 완성하세요.

이 책을 쓰신 분들

박지혜 다솔초등학교
하근희 대구포산초등학교
원정화 세종시다정초등학교
윤혜원 서울대명초등학교
이승모 서울교육대학교부설초등학교

초등 문해력
한 문장 정리의 힘
실전편 **3권**

초판 6쇄	2024년 11월 19일
초판 1쇄	2022년 1월 7일
펴낸곳	메가스터디(주)
펴낸이	손은진
개발 책임	김문주
개발	양수진, 최성아, 최란경
디자인	이정숙
마케팅	엄재욱, 김상민
제작	이성재, 장병미
사진 제공	픽스타, 위키백과
주소	서울시 서초구 효령로 304(서초동) 국제전자센터 24층
대표전화	1661.5431
홈페이지	http://www.megastudybooks.com
출판사 신고 번호	제 2015-000159호
출간제안/원고투고	메가스터디북스 홈페이지 <투고 문의>에 등록

메가스터디BOOKS

'메가스터디북스'는 메가스터디㈜의 교육, 학습 전문 출판 브랜드입니다.
초중고 참고서는 물론, 어린이/청소년 교양서, 성인 학습서까지 다양한 도서를 출간하고 있습니다.

· 제품명 초등 문해력 한 문장 정리의 힘 실전편 3권
· 제조자명 메가스터디㈜ · 제조년월 판권에 별도 표기 · 제조국명 대한민국 · 사용연령 3세 이상
· 주소 및 전화번호 서울시 서초구 효령로 304(서초동) 국제전자센터 24층 / 1661-5431

초등문해력

한 문장 정리의 힘

예술 | 인문 | 사회 | 기술 | 융합 | 과학

실전편 **3**권

초등 **4~5**학년

문해력,
지금 우리 아이에게 필요한 이유!

문해력은 독해력, 어휘력, 쓰기 능력을 아우르는 상위 개념입니다.

읽기, 말하기, 듣기, 쓰기 등 모든 언어 능력을 동원하여 글의 맥락을 이해하고 응용하는 힘입니다.

문해력이 강한 아이는 서술형 및 수행 평가에도 강합니다.

문해력이 초등 학습 능력을 좌우합니다.

지금 아이에게 필요한 것은 바로 문해력입니다.

교육 과정 강조 역량

글과 말의 맥락을
이해하고 표현하는
문해력과 표현력 강조

서술형 평가 확대

자신의 생각을
논리적으로 정리하고
설명하는 능력 요구

학습 능력 신장

습득한 지식을
내 것으로 만드는
한 문장 정리법 요구

평생 성적을 좌우하는
초등 문해력

초등 문해력
한 문장 정리의 힘 `실전편` 이
특별한 이유!

「초등 문해력 한 문장 정리의 힘 실전편」은
「초등 문해력 한 문장 정리의 힘」의 강점인
'노트 정리'와 '한 문장 요약 훈련'에 문제 풀이를 강화하였습니다.
일주일에 하나의 주제어로 다양한 영역의 비문학 지문을 통합적으로 학습하며
사고력이 확장되고, 문해력이 완성됩니다.

하나의 주제어로 다양한 지문 읽기	업그레이드된 노트 정리 연습	더욱 강화된 실전 문제 풀이
예술, 인문, 사회, 기술, 융합, 과학 **6개 영역을 넘나드는 지문 구성**	상위 1% 학생들이 활용하는 **코넬 노트 형식 적용**	문해력과 어휘력을 완성하는 **6가지 유형의 문제 구성**

초등 문해력
완성은 실전편으로!

구성과 특징

초등 학습 능력을 좌우하는 문해력,
시작은 기본편으로,
완성은 실전편으로!

1 노트 정리

노트에 핵심 내용을 정리하고 한 문장으로 요약하는 과정을 통해 효율적인 공부 방법과 문해력을 기릅니다.

업그레이드된 코넬 노트에 핵심 내용 정리하기

2 실전 문제

노트에 정리하여 내 것으로 만든 지식을 바탕으로, 다양한 유형의 문제 풀이를 통해 문해력과 어휘력을 완성합니다.

6가지 유형의 문제로 문해력과 어휘력 완성하기

통합적 사고력을 키워 주는 '주제어' 연결 구성 방식

5개의 지문이 하나의 주제어로 연결되어 있습니다.
한 주차에 다양한 영역의 지문을 읽으며 통합적 사고력을 확장할 수 있습니다.

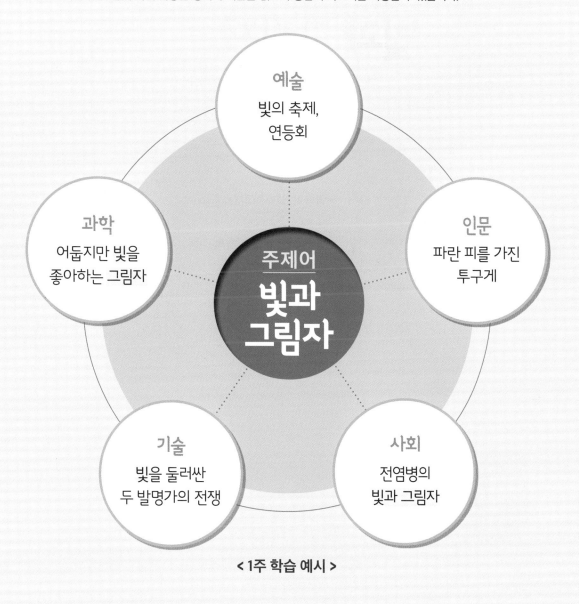

예술
빛의 축제,
연등회

과학
어둡지만 빛을
좋아하는 그림자

주제어
빛과
그림자

인문
파란 피를 가진
투구게

기술
빛을 둘러싼
두 발명가의 전쟁

사회
전염병의
빛과 그림자

< 1주 학습 예시 >

예술, 인문, 사회, 기술, 융합, 과학
6개 영역의 비문학 지문을 읽으며 배경지식을 확장할 수 있습니다.

차례

노트 정리 비법

문해력은 단번에 길러지지 않습니다. 글의 핵심 내용을 노트에 정리하고 한 문장으로 요약하는 과정을 통해 기를 수 있습니다. 글의 내용을 단계별로 정리하는 반복 훈련을 통해 초등학생 때부터 노트 정리 습관을 길러 주세요.

제목

노트 정리를 할 때는 가장 먼저 글의 제목을 적습니다.

문단별 핵심 내용

문단별로 가장 중요한 핵심을 적는 곳으로, 핵심 내용을 더 오래 기억할 수 있습니다.

내용 간추리기

글의 핵심 내용을 간추리는 부분입니다. 글이 길더라도 표로 내용을 정리하면 중요한 내용을 한눈에 알아볼 수 있습니다.

한 문장 정리하기

노트에서 가장 중요한 부분입니다. 핵심 내용을 연결해 한 문장으로 정리하면 어떤 지식도 자기 것으로 만들 수 있습니다.

아프리카에 에어컨이 없는 건물이 있다고?

문단별 핵심 내용

- 1문단 아프리카 (　　　　　　)의 지혜를 떠올려 건물을 짓기로 한 믹 피어스
- 2문단 큰 일교차에도 같은 온도를 유지하는 흰개미집의 (　　　　)
- 3문단 공기의 (　　　　)으로 온도를 유지하는 흰개미집의 구조를 건물을 짓는 방식에 활용함.
- 4문단 에너지를 (　　　　)하고 환경을 지키는 대표적인 건축물로 널리 알려짐.

내용 간추리기

> 실내 온도를 일정하게 유지하는 방법

하라레의 쇼핑센터

- 탑 모양의 형태
- 위아래로 많은 [　　|　　]이 뚫려 있음.
- 최적의 온도를 유지함.

공기의 순환으로 온도를 [　　|　　]하는 구조

- 차가운 공기가 들어오는 [　　|　　]이 있음.
- 여러 개의 출입구가 있음.
- 환풍구로 내부 [　　|　　]를 조절함.

한 문장 정리하기

건축가 믹 피어스는 _____

_____ 에너지를 절약하고 환경을 지키는 건물을 건축하였다.

빛과 그림자

1일차

예술

빛의 축제, 연등회

미술 5-2

1문단 음력 4월 8일이 가까워 오면 전국에 수많은 연등이 환하게 빛납니다. 매년 부처님 오신 날을 맞이하여 사람들은 등에 불을 켜고 복을 비는 연등회를 엽니다. 등에 불을 켠다는 것은 진리의 빛을 밝혀 차별 없고 풍요로운 세상을 만든다는 의미가 담겨 있습니다. 연등회는 소외되는 사람 없이 모두가 함께 불을 밝히자는 마음에서 비롯되었습니다.

2문단 연등회는 오래전부터 우리 민족과 함께해 온 전통문화입니다. 약 천 년 전 신라 시대 때부터 연등회를 열었다는 기록이 『삼국사기』에 남아 있습니다. 신라 시대의 경문왕은 866년, 진성 여왕은 890년에 *사찰에 방문하여 연등을 보았다는 기록을 통해 사찰에서 등을 밝혀 연등회를 열었다는 것을 알 수 있습니다. 고려 시대의 연등회는 *태평성대를 바라는 나라의 큰 행사였고, 백성들도 등불을 환하게 밝혀 잔치를 열고 노래와 춤을 즐겼습니다. 불교를 *배척했던 조선 시대에는 국가 행사로서의 연등회는 줄어들었으나, 백성들은 여전히 연등회를 즐겼습니다.

3문단 오늘날 연등회는 누구나 참여하는 문화 축제로 발전했습니다. 시민들은 거리에 앉아서 구경만 하는 것이 아니라 직접 만든 등에 불을 밝히고 거리 행진에 참여합니다. 연꽃, 부처, 코끼리, 공룡 등 다양한 모양의 등을 밝힌 사람들은 이웃한 이들과 서로서로 발을 맞춰 걸어갑니다.

4문단 모든 사람이 함께 즐기는 연등회는 유네스코 인류무형문화유산에 *등재되었습니다. 유네스코 무형유산위원회는 연등회가 시대를 *초월한 *포용성으로 인종, 종교, 장애의 경계를 뛰어넘은 다양성을 보여 준다고 평가하였습니다. 이렇게 연등회는 시대에 따라 변화하며 우리 민족과 함께

▲ 연등회의 모습

해 왔고, 오늘날에 이르러서는 누구나 참여하여 어울리는 축제로 발전했습니다.

➡ **낱말 풀이**
사찰 승려가 불상을 모시고 부처의 가르침을 실천하는 곳.
태평성대 어진 임금이 나라를 잘 다스리어 평안한 세상이나 시대.
배척 따돌리거나 거부하여 밀어 내침.
등재 어떤 내용을 일정한 형식으로 기록하는 책이나 문서에 올림.
초월 어떠한 한계나 표준을 뛰어넘음.
포용성 남을 너그럽게 감싸 주거나 받아들이는 성질.

빛의 축제, 연등회

문단별 핵심 내용

1문단 등에 (   )을 켜고 (   )을 비는 연등회

2문단 오래전부터 함께해 온 전통문화인 (   )

3문단 문화 (   )로 발전한 오늘날의 연등회

4문단 유네스코 인류무형문화유산에 (   )된 연등회

내용 간추리기

우리나라 연등회의 역사

신라 시대 ── 『삼국사기』 기록에 의하면 [|]에서 연등회를 열었음.

⬇

[|] 시대 ── 나라와 백성 모두의 행사였음.

⬇

[|] 시대 ── 국가 행사는 줄어들었으나, 백성들은 연등회를 즐김.

⬇

오늘날 ── 누구나 참여하는 [|] [|]로 발전함.

한 문장 정리하기

우리의 전통문화인 [| |]는 한때 나라의 행사였지만, 오늘날 누구나 참여하여

어울리는 문화 [|]로 발전하여 유네스코 인류무형문화유산에 [|]되었다.

11

문해력 완성하기

주제 찾기

1 이 글의 주제로 알맞은 것은 무엇인가요? ( )

① 조선 시대의 연등회

② 연등회의 역사

③ 『삼국사기』에 기록된 연등회

④ 연등회 거리 행진

내용 이해

2 다음 중 연등회에 대한 설명으로 바르지 않은 것은 무엇인가요? ( )

① 오늘날에는 누구나 거리 행진에 참여할 수 있다.

② 연등회는 유네스코 인류무형문화유산에 등재되었다.

③ 고려 시대에 국가 행사로서의 연등회는 줄어들었다.

④ 연등회는 부처님 오신 날을 맞이하여 등에 불을 켜고 복을 비는 행사이다.

내용 적용

3 다음 글을 읽고, 빈칸에 들어갈 알맞은 낱말을 쓰세요.

> 2020년 12월, 대한민국 연등회가 유네스코 인류무형문화유산으로 등재되었습니다. 종교, 나이, 인종에 상관없이 누구나 참여하는 연등회는 포용성을 지녔다는 평과 함께 세계문화유산으로서의 가치를 인정받았습니다. 이 소식을 들은 많은 사람들은 환호성을 질렀습니다.

✏️ 연등회는 [   ]을 지닌 문화 축제로 종교, 나이, 인종을 뛰어넘으며 그 가치를 높게 평가받아 유네스코 인류무형문화유산으로 등재되었다.

어휘력 완성하기

어휘 이해

1 낱말의 뜻을 읽고, 문장의 빈칸에 들어갈 낱말을 보기 에서 찾아 쓰세요.

보기 발 초 등 월 전 재

① 프랑스의 한 마을이 유네스코 세계 자연유산으로 [　　] 되었다.

➡ 낱말의 뜻 어떤 내용을 일정한 형식으로 기록하는 책이나 문서에 올림.

② 명화는 시대를 [　　] 하여 변함없는 가치를 지니고 있다.

➡ 낱말의 뜻 어떠한 한계나 표준을 뛰어넘음.

③ 끊임없이 노력한 친구의 실력이 눈에 띄게 [　　] 했다.

➡ 낱말의 뜻 더 낫고 좋은 상태나 더 높은 단계로 나아감.

어휘 적용

2 문장의 빈칸에 들어갈 알맞은 낱말을 찾아 줄로 이으세요.

① 그 친구는 수학 실력이 우수하다고 (　　　)받았다.　　　　• 　　• ㉠ 경계

② 현실과 가상의 (　　　)이/가 점차 옅어지고 있다.　　　　• 　　• ㉡ 평가

③ 거리의 음악대가 거침없이 앞으로 (　　　)을/를 계속했다.　　• 　　• ㉢ 행진

어휘 관계

3 밑줄 친 낱말과 뜻이 반대인 것은 무엇인가요?　　　　　　(　　　)

> 그는 원수의 자식도 사랑으로 <u>포용</u>했다.

① 용납　　　　　② 용서　　　　　③ 배척　　　　　④ 이해

파란 피를 가진 투구게

1문단 지구상에는 4억 5천만 년 전부터 지금까지 생존해 온 생물이 있습니다. 바로 '투구게'입니다. 생김새가 *투구와 닮아 투구게라는 이름이 붙었지만 사실 게보다는 거미나 진드기, 전갈에 더 가깝습니다. 투구게는 특이하게도 파란색의 피를 가졌습니다. '헤모글로빈'이라는 *성분이 들어 있어 붉은색을 띠는 사람의 피와 달리, 투구게의 피에는 '헤모시아닌'이라는 성분이 들어 있어 파란색을 띱니다. 그런데 이 파란색 피에는 특별한 기능이 있습니다.

2문단 투구게의 피를 이용해 만든 LAL이라는 물질은, 세균으로 인하여 오염된 물질에 넣으면 젤리처럼 변합니다. 그래서 깨끗하게 보존되어야 할 의약품이나 *백신이 오염되었는지 아닌지를 알아보는 데 쓰이고 있습니다. 인간에게 투구게의 피는 없어서는 안될 빛과 같은 물질이 되었습니다.

3문단 반면 투구게에게는 '멸종 위기'라는 그림자가 드리워졌습니다. 투구게를 잡으면 보통 한 번에 투구게가 지닌 피의 1/3 정도를 뽑아냅니다. 그러고 나서 다시 바다로 돌려보냅니다. 그런데 열 마리 중 한 마리는 피를 뽑히는 중에 죽고, 나머지 아홉 마리 중세 마리는 피를 뽑힌 후 자연으로 돌아가 죽습니다. 전 세계를 덮친 코로나19 바이러스로 인하여 필요한 백신의 양이 갑자기 늘어나면서, 백신의 오염 *여부를 알아보기 위해 투구게의 피도 더 많이 필요하게 되었습니다. 그래서 투구게의 수가 *급격히 줄어들었습니다.

4문단 다행히도 투구게를 보호하기 위한 여러 연구가 이루어지고 있습니다. 투구게의 피를 *대체할 수 있는 물질이 개발되고 있으며, 최근에는 투구게 *양식도 성공하였습니다. 양식을 하면 필요할 때마다 피를 조금씩 뽑을 수 있어 투구게가 피를 뽑히다가 죽는 일도 줄어듭니다. 아직은 이러한 방법이 널리 쓰이지 않고 있지만, 앞으로 연구가 계속 이루어진다면 투구게의 멸종을 막을 수 있을 것입니다.

➡ 낱말풀이
투구 예전에, 군인이 전투할 때에 적의 화살이나 칼날로부터 머리를 보호하기 위해 쓰던 쇠로 만든 모자.
성분 물질의 바탕을 이루고 있는 화학적 구성 요소.
백신 전염병에 걸리지 않도록 전염병의 균이나 독이 있는 물질을 이용하여 만든 약품.
여부 그러함과 그러하지 아니함.
급격히 변화의 움직임이 급하고 세차게.
대체 다른 것으로 대신함.
양식 물고기나 해조, 버섯 따위를 사람의 힘으로 길러서 많이 퍼지게 함.

파란 피를 가진 투구게

문단별 핵심 내용

1문단 (   )의 피를 가진 투구게

2문단 인간에게 없어서는 안 될 물질이 된 투구게의 (   )

3문단 피 때문에 (   ) 위기에 처한 투구게

4문단 (   )의 멸종을 막기 위한 노력

내용 간추리기

投구게의 파란색 피

투구게의 피를 활용하는 인간 ➡ 피해를 입게 된 투구게

의약품이나 백신의 [|] 여부를 알아보는 데 쓰임.

피를 뽑히다가 많은 투구게가 죽어 [|] [|]에 처함.

⬇

투구게의 멸종을 막기 위한 노력

• 투구게의 [   ]를 대체할 물질 개발

• 투구게 [|] 성공

한 문장 정리하기

[| |]의 파란색 피는 인간에게 빛과 같은 물질이지만, 그로 인해 투구게는

[|] 위기에 처했고, 이러한 투구게를 [|]하기 위해 여러 노력이 이루어지

고 있다.

주제 찾기

1 이 글의 제목을 다시 붙인다고 할 때 가장 알맞은 것은 무엇인가요?　　　　　　（　　　）

① 투구게의 피가 파란색인 이유

② 투구게가 지구상에서 오래 생존한 까닭

③ 투구게를 양식하는 방법

④ 투구게가 멸종 위기에 처한 이유와 멸종을 막기 위한 노력

내용 이해

2 다음 중 이 글의 내용으로 알맞은 것은 무엇인가요?　　　　　　（　　　）

① 투구게는 전갈보다 게에 가깝다.

② 오염된 물질에 LAL을 넣으면 젤리처럼 변한다.

③ 투구게의 피에는 헤모글로빈이 들어 있다.

④ 열 마리 중 세 마리의 투구게가 피를 뽑히는 중에 죽는다.

내용 추론

3 다음 글을 읽고, 빈칸에 공통으로 들어갈 말을 쓰세요.

> 연구자들은 투구게를 보호하기 위해 20년 전부터 (　　　　)를 대체할 만한 물질을 찾으려 노력해 왔습니다. 몇몇 물질이 개발되기도 했지만 아직까지 (　　　　)를 완전히 대체하지는 못하고 있습니다.

어휘 이해

1 밑줄 친 낱말의 뜻으로 알맞은 것을 찾아 줄로 이으세요.

❶ 매년 가을이 되면 독감 <u>백신</u>을 맞는다. •

• ㉠ 물고기나 해조, 버섯 따위를 사람의 힘으로 길러서 많이 퍼지게 함.

❷ 통영에서는 굴 <u>양식</u>을 많이 한다. •

• ㉡ 전염병에 걸리지 않도록 전염병의 균이나 독이 있는 물질을 이용하여 만든 약품.

❸ 주문한 물건이 다 팔려서 다른 물건으로 <u>대체</u>되었다. •

• ㉢ 다른 것으로 대신함.

어휘 적용

2 다음 우유갑에 표시된 내용의 빈칸에 들어갈 알맞은 낱말은 무엇인가요? (   )

영양 ☐
1회 제공량 1컵(200ml)
총 2.5회 제공량(500ml)

1회 제공량 함량		
열량	95kcal	
탄수화물	9g	3%
당류	9g	
단백질	6g	11%

① 기능   ② 성분   ③ 과정   ④ 연구

어휘 관계

3 밑줄 친 낱말의 뜻과 가장 거리가 <u>먼</u> 것은 무엇인가요? (   )

이 산은 <u>급격한</u> 경사가 있다.

① 심한   ② 급한   ③ 완만한   ④ 가파른

3일차

사회

전염병의 빛과 그림자

사회 6-2

1문단 14세기 유럽은 전염병으로 공포에 휩싸여 있었습니다. 흑사병이라고 불리우던 이 병은 당시 유럽 인구의 1/3에 해당하는 목숨을 앗아갔습니다. 그 결과 농사를 지을 일손이 부족해졌고, 사람들은 일손을 대신할 농기계를 개발하기 시작했습니다. 농기계의 개발로 빠르고 편리한 농사가 가능해지자 거두어들이는 농작물의 양이 늘어났고, 이는 농업 발달로 이어졌습니다. 유럽 전체를 *초토화시킨 흑사병이 긍정적인 결과도 함께 가져온 것입니다.

2문단 1918년 발생하여 2년 동안 전 세계를 휩쓴 스페인 독감은 무려 5천만 명의 목숨을 빼앗았습니다. 14세기의 흑사병 때보다 훨씬 많은 수의 사망자가 발생해, 지금까지도 인류 *대재앙이라 불리는 전염병입니다. 가족과 이웃이 목숨을 잃는 모습을 보면서, 사람들은 예방 접종과 같은 *공중 보건의 중요성을 깨달았습니다. 그리고 이는 의료 발달로 이어지게 되었습니다.

3문단 2019년, 코로나19라는 전염병이 등장하며 세계는 다시 혼란에 휩싸였습니다. 빠른 속도로 *전파되며 사람들의 생명을 앗아가는 것은 물론, 체력 *저하나 우울감 같은 *부작용을 남겼고, 경제적인 피해를 입히기도 하였습니다. 하지만 사람들의 활동과 자동차, 비행기와 같은 운송 수단의 이동이 줄어들자, 대기 오염이 감소하고 관광지에서 나오는 쓰레기의 양이 줄어들었습니다. 마치 동전의 양면처럼, 사람들에게 큰 피해를 남긴 코로나19가 환경에는 긍정적인 영향을 끼친 것입니다.

▲ 14세기 흑사병을 치료하던 의사의 복장

4문단 우리는 전염병이 인류에게 큰 피해만 남긴다고 생각합니다. 그러나 미처 생각하지 못한 긍정적인 영향을 주기도 하지요. 이처럼 전염병의 유행은 역사적으로 보았을 때 어두운 그림자 *이면에 밝은 빛도 *공존합니다.

낱말풀이
초토화 불에 탄 것처럼 거칠어지고 못 쓰게 된 상태를 비유적으로 이르는 말.
대재앙 지진, 홍수 등의 자연 현상으로 생긴 불행한 사고나 큰 재난.
공중 보건 학교, 회사, 지역 사회 등의 집단에서 병의 예방, 치료 따위로 사람의 건강과 생명을 보호하는 일.
전파 전하여 멀리 퍼뜨림.
저하 정도, 수준, 능률 따위가 떨어져 낮아짐.
부작용 어떤 일에 따라 생기는 좋지 못한 일.
이면 겉으로 나타나거나 눈에 보이지 않는 부분.
공존 두 가지 이상의 사물이나 현상이 함께 존재함.

전염병의 빛과 그림자

문단별 핵심 내용

1문단 (   )을 초토화시킨 흑사병의 긍정적인 결과

2문단 많은 사망자를 낸 (   )의 긍정적인 영향

3문단 큰 (   )를 남긴 코로나19의 긍정적인 영향

4문단 (   )에 공존하는 빛과 그림자

내용 간추리기

전염병	부정적인 영향	긍정적인 영향
☐☐☐	엄청난 수의 사람이 ☐☐을 잃음.	• 농기계의 개발 • 농업의 발달
스페인 독감	5천만 명의 사망자가 발생함.	• ☐☐☐☐의 중요성을 깨달음. • 의료 발달로 이어짐.
코로나19	• 사람들의 생명을 앗아감. • ☐☐☐을 남김. • 경제적인 피해를 입힘.	• 대기 ☐☐이 감소함. • 쓰레기의 양이 줄어듦.

한 문장 정리하기

☐☐☐ 은 사람들에게 큰 ☐☐ 를 남기지만 우리가 미처 생각하지 못한

☐☐☐ 인 영향을 가져오기도 한다.

주제 찾기

1 이 글의 주제로 알맞은 것은 무엇인가요?　　　　　　　　　　　　　　　（　　　　）

① 유럽의 인구가 줄어든 까닭

② 코로나19로 인한 피해

③ 전염병의 부정적인 영향과 긍정적인 영향

④ 스페인에서 독감이 생긴 까닭

내용 이해

2 다음 중 이 글의 내용으로 바르지 <u>않은</u> 것은 무엇인가요?　　　　　　　（　　　　）

① 14세기 흑사병은 유럽 인구의 1/3에 해당하는 목숨을 앗아갔다.

② 스페인 독감으로 공중 보건의 중요성이 강조되었다.

③ 코로나19로 인해 대기 오염이 더욱 심각해졌다.

④ 14세기 흑사병은 농업 발달을 가져왔다.

내용 추론

3 다음 글을 읽고, 빈칸에 알맞은 말을 쓰세요.

> 　코로나19로 전 세계의 사람들이 혼란을 겪었지만, 지구의 환경 오염은 줄어들었습니다. 사람들의 활동이 줄어들자 세계의 많은 지역에서 대기 오염이 크게 감소한 것입니다. 또한 산이나 바다를 찾는 관광객이 줄어들자, 그동안 보기 힘들었던 야생 동물들이 나타나기도 했습니다.

　　✎　전염병은 부정적인 영향을 남기지만, [　　　　　　　　　　　　　　]을 가져오기도

　　　한다.

어휘 이해

1 낱말의 뜻을 읽고, 알맞은 낱말을 찾아 줄로 이으세요.

① 어떤 일에 따라 생기는 좋지 못한 일. •

② 전하여 멀리 퍼뜨림. •

③ 불에 탄 것처럼 거칠어지고 못 쓰게 된 상태를 비유적으로 이르는 말. •

• ㉠ 전파

• ㉡ 부작용

• ㉢ 초토화

어휘 적용

2 다음 글을 읽고, 빈칸에 공통으로 들어갈 낱말을 보기에서 찾아 쓰세요.

보기

발달   감소   전파

• 새로운 전염병의 (   ) 속도가 매우 빠릅니다. 개인 위생을 철저하게 하여 전염병 예방에 힘쓰시기 바랍니다.

• 대중문화는 대중 매체를 통해 사람들에게 (   )되는 문화를 말합니다.

어휘 관계

3 다음 보기의 두 낱말의 관계와 비슷한 것은 무엇인가요?   (   )

보기

전염병 – 독감

① 오염 – 대기 오염   ② 발전 – 발달   ③ 증가 – 감소   ④ 절약 – 낭비

4일차

빛을 둘러싼 두 발명가의 전쟁

과학 6-2

1문단 전기는 어떻게 우리가 사용하는 제품에 흘러들어 오는 걸까요? 전기의 흐름에는 두 가지 방식이 있습니다. 바로 '직류'와 '교류'입니다. 19세기 당시, 전구를 발명한 에디슨은 직류를 사용하여 전기를 *공급하고자 했습니다. 직류는 전기가 항상 일정한 방향으로 흐르는 방식으로, *전압이 낮아 비교적 안전하다고 알려졌습니다. 하지만 먼 곳으로 전기를 보내려면 많은 양의 전기가 *손실되는 문제점이 있었지요. 어쩔 수 없이 지역마다 새로운 발전소를 값비싼 돈을 들여 지어야 했습니다. 이러한 이유로 새로운 '빛'은 돈이 많은 *특권층만 누릴 수 있었습니다.

2문단 가난한 발명가였던 테슬라는 이 문제를 해결하기 위해 교류를 사용하여 전기를 공급하는 방법을 *제안했습니다. 교류는 전기가 흐르는 방향이 규칙적으로 바뀌는 방식으로, 먼 곳까지 전기를 보내는 것이 가능했습니다. 새로운 발전소를 짓지 않고도 더 싸게 많은 양의 전기를 공급할 수 있었지요. 테슬라의 제안은 많은 사람이 전기의 편리함을 누릴 수 있는 *획기적인 생각이었습니다.

3문단 그러나 에디슨이 테슬라의 의견을 받아들이지 않았고, 둘 사이에 빛의 전쟁이 시작되었습니다. 이미 대부분의 미국 땅에는 에디슨의 직류 전기가 공급되고 있었습니다. 에디슨은 교류 전기가 위험하다는 것을 알리기 위해 높은 전압의 교류 전기로 동물을 *감전시키는 끔찍한 실험을 하고, 범죄를 저지른 사람을 벌하는 의자를 발명하기도 했습니다. 테슬라는 이에 맞서 교류 전기가 안전하다는 것을 알리는 데 힘썼습니다. 1893년 시카고의 한 박람회에서는 교류 전기로 약 10만 개의 전구를 밝혀 사람들에게 큰 인상을 남기기도 했습니다.

4문단 그리고 1903년, 마침내 테슬라의 의견대로 세계의 모든 발전소에서 교류 전기를 생산하게 되었습니다. 오늘날 세계 대부분의 가정에는 교류 전기가 공급되고 있습니다. 결국 빛의 전쟁에서 승리한 것은 테슬라라 할 수 있겠지요.

⇒ **낱말풀이**
공급 요구나 필요에 따라 어떤 것을 제공함.
전압 전류를 흐르게 하는 것으로, 단위는 V(볼트)를 사용함.
손실 잃어버리거나 모자라서 손해를 봄. 또는 그 손해.
특권층 사회적으로 특별한 권리를 누리는 신분이나 계급. 또는 그런 사람들.
제안 안이나 의견으로 내놓음. 또는 그 안이나 의견.
획기적 어떤 과정이나 분야에서 진혀 새로운 시기를 열어 놓을 만큼 뚜렷이 구분되는 것.
감전 전기가 통하고 있는 물체에 신체의 일부가 닿아서 순간적으로 충격을 받는 것.

빛을 둘러싼 두 발명가의 전쟁

문단별 핵심 내용

1문단 특권층만 누릴 수 있었던 (   )의 직류 전기

2문단 많은 사람이 전기의 편리함을 누릴 수 있었던 (   )의 교류 전기

3문단 에디슨과 테슬라 사이에 일어난 (   )의 전쟁

4문단 빛의 전쟁에서 승리한 테슬라의 (   ) 전기

내용 간추리기

전기 공급 방식

에디슨의 직류 전기

- ☐☐ 이 낮아 비교적 안전하다고 알려짐.
- 먼 곳으로 전기를 보낼 때 많은 ☐의 전기가 ☐☐ 됨.

→ 특권층만 누릴 수 있음.

테슬라의 교류 전기

- ☐☐ 까지 전기를 보내는 것이 가능함.
- ☐☐☐ 없이 싸고 많은 양의 ☐☐ 를 보낼 수 있음.

→ 많은 사람이 누릴 수 있음.

한 문장 정리하기

19세기 에디슨의 ☐☐ 전기 공급 방식과 테슬라의 ☐☐ 전기 공급 방식이 경쟁하였으며, 오늘날 세계 대부분의 가정에는 교류 전기가 ☐☐ 되고 있다.

문해력 완성하기

정답과 해설 | 101쪽

주제 찾기

1 이 글의 주제로 알맞은 것은 무엇인가요? ( )

① 두 발명가의 전기 공급 방식 경쟁

② 교류 전기의 위험성

③ 에디슨의 대표적인 발명품

④ 사람들에게 감동을 준 전구

내용 이해

2 이 글의 내용을 바르게 이해하지 <u>못한</u> 사람은 누구인가요? ( )

① 한길: 직류 전기는 전압이 낮아.

② 동섭: 오늘날 대부분의 가정은 직류 전기를 사용하고 있어.

③ 영완: 테슬라는 많은 사람들이 전기를 사용할 수 있는 방법을 제안했어.

④ 제용: 에디슨은 테슬라의 의견을 결코 받아들이지 않았어.

내용 추론

3 다음은 전기 공급 방식에 대한 신문 기사의 일부입니다. 빈칸에 들어갈 알맞은 낱말을 쓰세요.

> 직류인가, 교류인가? 100년 만에 '2차 전류 전쟁'
>
> 전기를 보내는 방식을 두고 직류와 교류 사이에서 벌어졌던 치열한 경쟁이 100년 만에 또다시 일어났습니다. 19세기 말 에디슨이 주장했던 직류 전기는 테슬라의 교류 전기에 밀려, 20세기부터 전 세계에서 테슬라의 방식이 사용되었습니다. 에디슨의 방식은 전기를 멀리까지 보내지 못하는 한계가 있었기 때문입니다. 하지만 최근 과학 기술의 발전으로 이러한 문제가 해결되면서 ( ) 전기가 주목을 받고 있습니다.

어휘력 완성하기

어휘 이해

1 낱말의 뜻을 읽고, 문장의 빈칸에 들어갈 낱말을 보기에서 찾아 쓰세요.

보기 | 획 | 공 | 손 | 기 | 급 | 실 | 적 |

❶ 전쟁은 국가에 매우 큰 [ ][ ] 을 입힌다.

▷ **낱말의 뜻** 잃어버리거나 모자라서 손해를 봄. 또는 그 손해.

❷ 추운 날씨에 수도관이 얼어 버리는 바람에 수돗물 [ ][ ] 이 멈추었다.

▷ **낱말의 뜻** 요구나 필요에 따라 어떤 것을 제공함.

❸ 컴퓨터의 발명은 역사적으로 봤을 때 매우 [ ][ ][ ] 인 일이다.

▷ **낱말의 뜻** 어떤 과정이나 분야에서 전혀 새로운 시기를 열어 놓을 만큼 뚜렷이 구분되는 것.

어휘 적용

2 다음 글을 읽고, 빈칸에 공통으로 들어갈 낱말을 보기에서 찾아 쓰세요.

보기 | 모험 | 실험 | 체험 |

액체와 기체에서 열의 이동을 알아보는 (　　　　)은 흥미로웠다.

우리 회사는 자동차의 안전성에 대한 철저한 (　　　　) 과정을 거치고 있습니다.

[ ][ ]

어휘 관계

3 밑줄 친 낱말과 뜻이 비슷한 것은 무엇인가요? (　　　　)

그 제안은 많은 사람이 전기의 편리함을 누릴 수 있는 <u>획기적인</u> 생각이었습니다.

① 새로운　　　② 확실한　　　③ 겸손한　　　④ 철저한

5일차 과학

어둡지만 빛을 좋아하는 그림자

1문단 유리컵이나 유리 어항에는 왜 그림자가 생기지 않을까요? 그림자가 생기려면, 빛이 물체를 통과하지 않아야 합니다. 즉, 물체 뒤쪽으로는 빛이 닿지 않아야 어두운 그림자가 나타나는 것이지요. 그러나 유리컵이나 유리 어항에는 빛이 그대로 통과하기 때문에 그림자가 생기지 않습니다. 반면 빛이 통과할 수 없는 *불투명한 물건에는 선명한 그림자가 나타납니다.

2문단 그림자는 항상 *평면이고, 같은 물체라도 경우에 따라 그림자의 크기와 모양이 달라진다는 특징이 있습니다. 그림자의 크기는 빛이 물체와 떨어진 거리에 따라 달라집니다. 빛과 물체가 가까운 거리에 있으면 그림자는 크게, 먼 거리에 있으면 그림자는 작게 나타납니다. 또 그림자의 모양은 빛이 물체를 비추는 방향에 따라 달라집니다. 그래서 그림자만을 보고 물체의 모습을 정확하게 알기는 쉽지 않습니다.

3문단 달이 태양의 일부나 전체를 가리는 '일식'에 의해 지구에 달의 그림자가 생기기도 합니다. 일식이 일어나면 태양 빛에 의해 지구에 달의 그림자가 생겨 낮에도 저녁처럼 하늘이 어둑어둑해집니다. 달이 태양의 일부를 가리는 '부분 일식', 달이 태양 전체를 가리는 '개기 일식', 달의 뒤로 태양의 *테두리가 보이는 '금환 일식'까지 모두 지구에 그림자를 드리우는 자연 현상입니다.

4문단 사람들은 오래전부터 지금까지 그림자를 활용해 왔습니다. 고대 그리스에서는 그림자의 길이를 이용해 피라미드의 길이를 *측정했습니다. 조선에서는 그림자가 가리키는 눈금에 따라 시각을 알 수 있는 해시계를 만들었습니다. 최근에는 그림자의 다양한 모습으로 재미와 감동을 줄 수 있는 그림자놀이와 연극을 하기도 합니다.

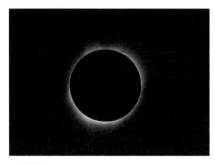

▲ 일식

낱말풀이
불투명 빛을 통과시키지 못함. 물질이 투명한 정도를 나타내는 말.
평면 평평한 표면.
테두리 둘레의 가장자리.
측정 일정한 양을 기준으로 하여 같은 종류의 다른 양의 크기를 잼.

어둡지만 빛을 좋아하는 그림자

문단별 핵심 내용

| 1문단 | 물체 뒤쪽으로 (   )이 닿지 않아야 생기는 그림자 |

| 2문단 | 항상 평면이고 빛에 따라 크기와 (   )이 달라지는 그림자 |

| 3문단 | 지구에 달의 그림자를 드리우는 (   ) |

| 4문단 | 오래전부터 지금까지 활용되어 온 (   ) |

내용 간추리기

```
                    그림자
```

| 그림자의 특징 | ① 빛이 물체를 통과하지 않아야 생김.
② 항상 [   ][   ]임.
③ 빛에 따라 [   ][   ]와 모양이 달라짐.
④ 자연 현상에서도 나타남. |
| 그림자의 [   ][   ] | ① [   ][   ][   ]의 길이를 측정함.
② [   ][   ]를 만듦.
③ 그림자 놀이와 연극을 함. |

한 문장 정리하기

빛이 있어야 생기는 [   ][   ][   ]는 빛에 따라 크기와 [   ][   ]이 달라지는 특징

이 있으며, 오래전부터 사람들은 다양한 곳에 그림자를 [   ][   ]해 왔다.

주제 찾기

1 이 글의 주제로 알맞은 것은 무엇인가요?　　　　　　　　　　　(　　)

① 그림자의 영향

② 그림자를 이용한 놀이

③ 그림자가 생기는 원리와 특징

④ 그림자를 피할 수 있는 방법

내용 이해

2 이 글의 내용을 바르게 이해하지 <u>못한</u> 사람은 누구인가요?　　　(　　)

① 현정: 물체의 크기가 같으면 그림자의 크기는 항상 같구나.

② 순종: 달이 태양을 가리는 정도에 따라 다양한 일식이 나타나는구나.

③ 영민: 빛이 물체와 떨어진 거리에 따라 그림자의 크기는 달라지는구나.

④ 지남: 빛이 물체를 통과하면 그림자가 생기지 않는구나.

내용 적용

3 다음 대화를 읽고, 빈칸에 들어갈 알맞은 낱말을 각각 쓰세요.

> **샐리**: 주디야, 너는 왜 그 아저씨를 키다리 아저씨라고 부르는 거야?
>
> **주디**: 내가 우연히 아저씨와 마주쳤는데, 마침 자동차 불빛이 아저씨를 가까운 거리에서 비추는 바람에 아저씨의 키가 정말 크게 보였어. 만약 자동차 불빛이 아저씨를 먼 거리에서 비추었다면 '키 작은 아저씨'라고 불렀을 거야.
>
> **샐리**: 그래? 아저씨의 키는 그대로인데 그림자 크기가 바뀐다는 거야? 그림자 크기는 항상 똑같은 줄 알았는데?
>
> **주디**: 그림자의 크기는 빛이 물체와 떨어진 (　㉠　)에 따라 달라져. 또 빛이 물체를 비추는 방향에 따라 그림자의 (　㉡　)도 달라지지.

✏️ ㉠ [　　　　]　　㉡ [　　　　]

어휘력 완성하기

어휘 이해

1 낱말의 뜻을 읽고, 문장의 빈칸에 들어갈 낱말을 보기 에서 찾아 쓰세요.

보기 테 평 통 두 면 과 리

1 정원 [ ][ ][ ] 를 따라서 해바라기 씨앗을 심었다.

낱말의 뜻 둘레의 가장자리.

2 중세까지만 해도 사람들은 지구가 둥글지 않은 [ ][ ] 의 땅이라 생각했다.

낱말의 뜻 평평한 표면.

3 빛은 유리컵을 그대로 [ ][ ] 한다.

낱말의 뜻 어떤 곳이나 때를 거쳐서 지나감.

어휘 적용

2 다음 글의 빈칸에 공통으로 들어갈 낱말은 무엇인가요? ( )

- 급식실에서 먹고 남은 음식물 쓰레기는 동물들의 사료로 ( )되고 있습니다. 따라서 남은 음식에 다른 쓰레기가 들어가지 않도록 더욱 주의해 주세요.
- 성공하고 싶나요? 성공하고 싶다면 자신의 자투리 시간을 ( )하는 습관을 길러야 합니다.

① 처리 ② 소비 ③ 낭비 ④ 활용

어휘 관계

3 밑줄 친 낱말과 뜻이 비슷하지 <u>않은</u> 것은 무엇인가요? ( )

태양의 빛이 지구까지 <u>닿는</u> 데 걸리는 시간은 약 8분이다.

① 다다르는 ② 이르는 ③ 떠나는 ④ 도착하는

축제, 빛과 그림자

　태국에서는 매년 4월 물 축제인 '송크란 축제'가 열립니다. 태국에서 가장 큰 규모로 열리는 축제인 만큼, 태국 사람들은 물론 전 세계의 많은 이들이 축제를 찾아 태국을 방문합니다.

　송크란 축제에서는 물로 나쁜 영혼을 씻어 낼 수 있다고 여겨, 서로의 축복을 기원하며 물을 뿌립니다. 사람들은 물총, 양동이, 그릇 등 물을 담을 수 있는 온갖 도구들을 사용하여 서로에게 물을 뿌립니다. 축제에 참여한 코끼리도 기다란 코로 시원하게 물을 뿜어냅니다. 물에 온몸이 흠뻑 젖어 표정을 찡그릴 법도 하지만, 축제에 참여한 사람들의 표정은 즐거움으로 가득합니다.

　그렇다면 축제는 늘 행복의 빛으로만 가득할까요? 축제 기간에는 눈살을 찌푸리게 되는 일들도 종종 발생합니다. 축제가 열리는 기간 동안 교통사고로 사람들이 다치기도 하고, 심지어 목숨을 잃기도 합니다. 또한 물 대신에 *오물을 뿌려 즐거운 축제의 분위기를 망치는 사람들이 나타나기도 합니다. 늘 행복의 빛으로 가득할 것만 같은 축제이지만, 축제의 이면에는 어두운 그림자도 존재하기 마련입니다.

*오물　지저분하고 더러운 물건. 쓰레기나 배설물 따위를 이른다.

Q. 송크란 축제에 대한 설명으로 알맞지 <u>않은</u> 것은 무엇인가요?　　　　(　　　)

① 코끼리도 물을 뿌린다.
② 물로 나쁜 영혼을 씻어 낼 수 있다고 생각한다.
③ 매년 4월에 열린다.
④ 축제에 참여한 사람들은 양동이만 사용하여 물을 뿌릴 수 있다.

④ 답정

변화

1일차

예술

공포 영화를 볼 때 몸에서 일어나는 변화

1문단 여름이 되면 영화관은 공포 영화를 보려는 사람들로 붐빕니다. 많은 이들이 등골이 오싹해지는 공포 영화를 보며 더위를 식히지요. 그런데 공포 영화를 보면 정말 더위가 달아날까요? 공포 영화를 볼 때 우리 몸에는 어떤 변화가 일어날까요?

2문단 고요한 어둠 속에서 무언가를 향해 발걸음을 옮기는 주인공. 영화를 보는 관객들은 마치 자신이 주인공이 된 듯 *긴장감과 공포감에 사로잡힙니다. 공포 영화를 볼 때 갑작스레 놀라거나 무서움을 느끼면 우리의 몸에서는 땀이 납니다. 그리고 땀이 식으면서 몸의 열기를 밖으로 내보냅니다. 우리는 이때 등골이 오싹해지는 서늘함을 느끼게 됩니다.

3문단 흔히 공포 영화를 볼 때 사람들은 '머리카락이 쭈뼛 선다', '소름이 돋는다'라는 말을 하곤 합니다. 이것은 피부 근육이 오그라들면서 나타나는 몸의 변화입니다. 어떤 일이 벌어질 것 같다는 긴장 상태에 이르게 되면 몸의 털을 세우는 근육이 피부의 털을 잡아당겨 털이 서고 소름이 돋는 것입니다.

4문단 공포 영화를 볼 때 일어나는 또 다른 몸의 변화는 심장 박동이 증가하는 것입니다. 이와 관련하여 영국에서 공포 영화를 보는 사람들의 심장 박동, 산소를 *흡입하는 양 등을 측정하는 실험을 진행했습니다. 그 결과 공포 영화를 보는 사람들의 심장 박동이 증가하고, *혈액 순환이 빨라졌습니다.

5문단 공포 영화를 볼 때 일어나는 이러한 변화들은 뇌 속 *편도체가 우리 몸에 신호를 보내 일어납니다. 위협을 느끼는 상황으로 판단되면 편도체가 우리 몸이 잘 *대응할 수 있도록 준비시키는 것입니다. 실제로 두려움을 느끼고 위험에 대비하는 편도체가 작거나 없는 경우 공포를 느끼지 못한다는 미국의 연구 결과도 있습니다.

⇒ **낱말 풀이**
긴장감 마음을 조이고 정신을 바짝 차리는 느낌. 또는 분위기가 평온하지 않은 상태의 느낌.
흡입 기체나 액체 따위를 빨아들임.
혈액 순환 몸 안에서 피가 일정한 간격을 두고 도는 것. 또는 그런 과정.
편도체 주로 기억이나 감정과 관련된 정보를 처리하는 뇌 속 기관.
대응하다 어떤 일이나 상황에 맞추어 태도나 행동을 취하다.

공포 영화를 볼 때 몸에서 일어나는 변화

문단별 핵심 내용

1문단 (   )를 볼 때 우리 몸에서 일어나는 변화

2문단 공포 영화를 볼 때 우리 몸의 변화 ① (   )을 느낌.

3문단 공포 영화를 볼 때 우리 몸의 변화 ② (   )이 돋음.

4문단 공포 영화를 볼 때 우리 몸의 변화 ③ (   ) 박동이 증가함.

5문단 공포 영화를 볼 때 몸의 (   )는 편도체의 신호로 일어남.

내용 간추리기

공포 영화를
볼 때
우리 몸의
변화

땀이 남. ➡ 몸의 열기를 내보냄. ➡ [　|　|　] 을 느낌.

피부 근육이 오그라듦. ➡ [　] 이 서고 소름이 돋음.

[　|　] 박동 증가 ➡ 혈액 순환이 빨라짐.

공포 영화를
볼 때
몸의 변화가
생기는 이유

[　|　|　] 가 우리 몸이 대응할 수 있도록 신호를 보냄.

한 문장 정리하기

_____를 볼 때 우리 몸에서 일어나는 _____는 뇌 속의 편도체가

우리 몸에 위험에 대비하라는 _____를 보내 일어나는 것이다.

문해력 완성하기

주제 찾기

1 이 글에서 글쓴이가 말하고자 하는 중심 내용은 무엇인가요? ( )

① 공포 영화를 볼 때 땀이 나면서 우리 몸의 열기를 가둔다.

② 공포 영화를 볼 때 근육이 오그라든다.

③ 공포 영화를 볼 때 편도체의 신호로 몸의 변화가 일어난다.

④ 공포 영화를 볼 때 심장 박동이 증가하고 혈액 순환이 빨라진다.

내용 이해

2 다음 중 이 글의 내용으로 바르지 <u>않은</u> 것은 무엇인가요? ( )

① 사람은 편도체가 없어도 공포를 느낄 수 있다.

② 편도체는 우리 몸이 잘 대응할 수 있도록 준비시킨다.

③ 공포 영화를 보면 소름이 돋는다.

④ 공포 영화를 보면 서늘함을 느낀다.

내용 적용

3 다음 글을 읽고, 빈칸에 들어갈 알맞은 낱말을 쓰세요.

> 올해도 더위를 피해 공포 영화를 보기 위한 관객들의 발길이 이어졌습니다. 공포 영화가 더위를 식혀 준다는 말은 진실일까요? 정답은 '그렇다'입니다. 뇌 속 편도체는 사람이 두려움을 느끼고 위험을 피하게 하는 역할을 합니다. 사람이 공포감을 느끼면 편도체가 우리 몸에 신호를 보내 피부의 근육이 오그라들어 소름이 돋고, 땀이 났다 식으면서 서늘함을 느낀다고 합니다.

✎ 사람이 공포를 느끼면 뇌의 [ ] 가 신호를 보내 위험을 피하게 해 준다.

어휘 이해

1 다음 밑줄 친 낱말의 뜻으로 알맞은 것의 번호를 보기 에서 찾아 쓰세요.

보기
① **보다** : 눈으로 대상의 존재나 형태를 알다.
② **보다** : 사람을 만나다.
③ **보다** : 대상을 평가하다.

❶ 친구와 내일 도서관에서 <u>보기</u>로 했다. ( )
❷ 횡단보도에서 신호등을 잘 <u>보고</u> 건너야 한다. ( )
❸ 그는 상대방을 만만하게 <u>보고</u> 방심하여 경기에서 지고 말았다. ( )

어휘 적용

2 다음 빈칸에 들어갈 알맞은 낱말을 찾아 줄로 이으세요.

❶ 군사들은 ( ) 속에 성을 지키고 있었다. • • ㉠ 순환

❷ 물은 수증기가 되었다가 다시 물이 되며 계속 ( )한다. • • ㉡ 흡입

❸ 불이 났을 때 연기를 ( )하면 산소가 부족해져 위험하다. • • ㉢ 긴장감

어휘 관계

3 밑줄 친 낱말과 뜻이 비슷한 것은 무엇인가요? ( )

공포 영화를 볼 때 우리 몸에서는 심장 박동이 <u>증가한다</u>.

① 늘어난다 ② 줄어든다 ③ 감소한다 ④ 없어진다

지금의 태극기가 만들어지기까지

사회 5-2

1문단 삼일절, 광복절과 같은 국경일이면 거리마다 태극기가 달립니다. 교실이나 운동장에서도 태극기를 볼 수 있습니다. 그런데 태극기가 처음부터 지금과 같은 모습이었던 것은 아닙니다.

2문단 태극기와 관련된 기록은 아주 오래전부터 있었지만, 태극기를 언제 어떻게 만들었는지에 대한 정확한 기록은 1882년 9월에 나타납니다. 고종의 명령으로 일본으로 가던 박영효가 배 위에서 태극 *문양과 4괘를 그려 넣은 기를 만들어 그달 25일부터 사용했다는 기록입니다. 이듬해인 1883년 3월 6일, 고종은 박영효가 만든 태극기를 국기로 *제정하여 *공포합니다.

3문단 그러나 이 당시 태극기의 모습은 매우 다양했습니다. 국기를 공포할 때에 국기 만드는 방법을 구체적으로 정하지 않았기 때문입니다. 그래서 한국광복군이 사용한 태극기와 삼일 운동 때 사용한 태극기의 모습도 조금 달랐습니다. 이후 대한민국 임시 정부에서 태극기의 모습을 통일하기 위하여 「국기 통일 양식」을 만들어 발표하기도 했지만, 국민들에게는 널리 알려지지 않았습니다.

4문단 태극기의 모습이 지금과 같아진 때는 1949년 10월 15일 국기 만드는 법을 정하여 알린 이후부터입니다. 이때부터 지금과 같은 모습의 태극 문양과 4괘의 위치와 *규격이 결정되었습니다. 그래서 지금은 언제 어디서나 같은 모습의 태극기를 사용할 수 있게 되었습니다.

5문단 태극기에는 하늘과 땅, 물, 불을 의미하는 4괘가 가운데의 태극 문양을 중심으로 *배치되어 있습니다. 태극 문양은 우주를 구성하고 있는 두 가지 기운인 음과 양이 서로 어울림을 *상징합니다. 결국 태극기는 우주에 있는 모든 것이 함께 조화를 이룬다는 것을 의미한다고 할 수 있습니다. 이렇듯 지금 우리가 사용하는 태극기는 다양한 상징과 의미를 담고 있습니다.

➡️ **낱말풀이**
문양 무늬의 생김새.
제정 제도나 법률 따위를 만들어서 정함.
공포 일반 대중에게 널리 알림.
규격 제품이나 재료의 품질, 모양, 크기, 성능 등의 일정한 기준.
배치 사람이나 물건 따위를 일정한 자리에 나누어 둠.
상징 일정한 형태를 갖추고 있지 않은 개념이나 사물을 구체적인 사물로 나타냄.

지금의 태극기가 만들어지기까지

문단별 핵심 내용

1문단 지금과 달랐던 (　　　　　　　　)의 모습

2문단 (　　　　　　　　)가 처음 태극기를 만들었다는 기록

3문단 국기 만드는 (　　　　　)을 정하지 않아 다양했던 태극기의 모습

4문단 1949년 이후 지금과 같아진 태극기의 (　　　　　)

5문단 태극기에 담긴 다양한 상징과 (　　　　　)

2주

내용 간추리기

		의 역사

1882년 9월

	|으로 가던

박영효가 배 위에서 태극기를 만듦.

➡

1883년 3월 6일

	|이 박영효가

만든 태극기를 국기로 제정하여 [　　　] 함.

➡

1949년 10월 15일

국기 만드는 [　] 을 알리면서 지금과 같은 태극기의 모습이 완성됨.

한 문장 정리하기

1883년 고종이 박영효가 만든 ＿＿＿＿＿ ＿＿＿＿＿를 국기로 정하여 공포하였는데 처음에는

태극기의 모습이 다양했지만, 1949년 ＿＿＿＿＿＿＿＿＿＿＿＿＿＿＿＿＿＿을

정하여 알린 이후로 지금과 모습이 같아졌다.

주제 찾기

1 이 글의 제목을 다시 붙인다고 할 때 가장 알맞은 것은 무엇인가요? ( )

① 현재의 태극기가 만들어진 과정
② 태극기의 의미
③ 태극기의 다양한 형태
④ 태극기를 지키기 위한 노력

내용 이해

2 이 글의 내용을 바르게 이해한 사람은 누구인가요? ( )

① 수아: 박영효가 만든 태극기 이전에는 태극기와 관련된 기록이 전혀 없어.
② 민호: 태극기를 국기로 제정한 왕은 고종이야.
③ 하영: 대한민국 임시 정부에서 발표한 「국기 통일 양식」은 국민들에게 널리 알려졌어.
④ 선우: 삼일 운동 당시의 태극기는 지금과 같은 모습이야.

내용 추론

3 다음은 태극기에 대한 설명입니다. 빈칸에 공통으로 들어갈 알맞은 낱말을 쓰세요.

우리나라 국기인 태극기는 흰색 바탕에 가운데 ( )과 네 모서리의 4괘로 이루어져 있습니다. 흰색 바탕은 밝음과 순수, 그리고 전통적으로 평화를 사랑하는 우리의 민족성을 나타냅니다. ( )은 음(파랑)과 양(빨강)의 조화를 상징하는 것으로, 우주에 있는 모든 것이 조화를 이루고 생명을 얻어 발전한다는 대자연의 신리를 표현한 것입니다.

어휘 이해

1 낱말의 뜻을 읽고, 문장의 빈칸에 들어갈 낱말을 보기 에서 찾아 쓰세요.

보기 | 제 | 규 | 정 | 공 | 격 | 포 |

1 정부는 재난 상황임을 국민들에게 [ ][ ]했다.

▷**낱말의 뜻** 일반 대중에게 널리 알림.

2 동물을 보호하기 위한 새로운 법이 [ ][ ]되어야 한다는 목소리가 높아지고 있다.

▷**낱말의 뜻** 제도나 법률 따위를 만들어서 정함.

3 쓰레기를 버릴 때 나라에서 정한 [ ][ ]의 봉투를 사용해야 한다.

▷**낱말의 뜻** 제품이나 재료의 품질, 모양, 크기, 성능 등의 일정한 기준.

어휘 적용

2 다음 글의 빈칸에 공통으로 들어갈 낱말은 무엇인가요?　　　　　　(　　　)

• 우체국의 (　　　) 봉투는 20원이다.
• 여권 사진은 정해진 (　　　)대로 찍어야 한다.

① 모양　　　　　② 규격　　　　　③ 통일　　　　　④ 위치

어휘 관계

3 밑줄 친 낱말과 뜻이 비슷한 것은 무엇인가요?　　　　　　(　　　)

목소리만 들어도 할머니의 기분을 <u>짐작</u>할 수 있다.

① 추측　　　　　② 계산　　　　　③ 의심　　　　　④ 설명

3일차

사회

새로운 인류, 포노 사피엔스

1문단 우리는 알람이 울려 하루를 시작하는 순간부터 잠자리에 드는 순간까지 스마트폰을 지니고 있습니다. 이에 '포노 사피엔스'라는 말이 등장했을 정도입니다. '포노 사피엔스'란 '스마트폰'과 인류를 뜻하는 '사피엔스'가 합쳐져 만들어진 말입니다. 즉, 포노 사피엔스란 스마트폰을 신체의 일부처럼 사용하는 사람을 뜻합니다.

2문단 포노 사피엔스는 스마트폰을 사용함으로써 디지털 공간에 엄청난 양의 *데이터를 남깁니다. 예를 들어, 스마트폰으로 물건을 구매하면 *결제한 날짜와 시간, 금액 등의 결제 정보가 남게 됩니다. 동영상이나 사진을 소셜 미디어에 올릴 때에도 날짜와 시간과 같은 정보가 남게 되지요.

3문단 포노 사피엔스는 스마트폰에 *내장된 *인공 지능을 활용합니다. 예를 들어 우리는 종종 스마트폰의 '*음성 인식 프로그램'을 사용해 날씨를 묻고, 그에 관한 답변을 듣습니다. 상대방에게 전화를 걸어 달라고 하거나 문자를 보내 달라는 요청을 할 때도 있습니다. 때로는 인공 지능이 추천한 영상을 보고 음악을 듣거나, 인공 지능의 외국어 *번역 서비스를 이용하기도 합니다.

4문단 스마트폰은 포노 사피엔스의 소비 방식도 변화시켰습니다. 우선 물건을 사고파는 모습이 달라졌습니다. 예전에는 물건을 사기 위해 물건을 파는 장소로 직접 가야 했지만, 지금은 어디에서나 스마트폰을 통해 물건을 주문합니다. 또한 물건을 구매할 때도 스마트폰에 미리 등록된 지문이나 카드 등을 활용하여 손쉽게 결제하곤 합니다. 이처럼 우리 생활에 깊숙이 자리 잡은 스마트폰은 예전과는 다른 삶의 모습으로 살아가는 '포노 사피엔스'를 등장시켰습니다.

▲ 스마트폰을 사용하는 모습

➡ **낱말풀이** 데이터 컴퓨터가 처리할 수 있는 문자, 소리, 그림 따위의 형태로 된 정보.
결제 돈 또는 다른 것을 주고받아 판매하는 사람과 구매하려는 사람 사이의 거래를 끝맺는 일.
내장 밖으로 드러나지 않게 안에 간직함.
인공 지능 인간의 뇌처럼 기계가 학습하고 판단하여 결과를 처리하는 것.
음성 인식 사람이 낸 말소리의 내용을 컴퓨터 따위를 사용하여 자동적으로 알아내는 것.
번역 어떤 언어로 된 글을 다른 언어의 글로 옮김.

새로운 인류, 포노 사피엔스

문단별 핵심 내용

1문단	스마트폰을 신체의 일부처럼 사용하는 ( )
2문단	포노 사피엔스의 특징 ① 디지털 공간에 ( )를 남김.
3문단	포노 사피엔스의 특징 ② ( )을 활용함.
4문단	포노 사피엔스의 특징 ③ ( )이 변화함.

내용 간추리기

포노 사피엔스의 특징

디지털 공간에 데이터를 남김. —
• 결제 [|]를 남김.
• 영상이나 사진에 대한 정보를 남김.

[|][|]을
활용함.
• [|] 인식 프로그램을 사용함.
• 추천 영상을 봄.
• [|] 음악을 들음.
• 외국어 번역 서비스를 이용함.

소비 방식이 변화함. — 스마트폰으로 물건을 주문하고 손쉽게 결제함.

✏️ **한 문장 정리하기**

_____을 몸의 일부처럼 사용하는 _____는

디지털 공간에 데이터를 남기고, _____을 활용하여 소비 방식도 예전과는

다르다.

주제 찾기

1 이 글의 주제로 알맞은 것은 무엇인가요? ( )

① 데이터가 우리 삶에 미치는 영향

② 인공 지능의 장점과 단점

③ 스마트폰이 우리에게 주는 이득

④ 포노 사피엔스의 뜻과 특징

내용 이해

2 다음 중 이 글의 내용으로 바르지 <u>않은</u> 것은 무엇인가요? ( )

① '포노 사피엔스'란 '스마트폰'과 인류를 뜻하는 '사피엔스'가 합쳐진 말이다.

② 스마트폰을 이용하면서 우리는 많은 정보를 디지털 공간에 남긴다.

③ 인공 지능을 활용해 전화를 걸거나 메시지를 보낼 수 있다.

④ 포노 사피엔스는 물건을 살 때 물물 교환을 하는 경우가 많다.

내용 추론

3 다음 글을 읽고, 빈칸에 알맞은 낱말을 쓰세요.

> 스마트폰에는 여러분의 위치를 추적하고 확인하는 장치가 내장되어 있습니다. 그래서 스마트폰을 들고 세계 어느 곳에 가더라도 여러분의 위치를 바로 확인할 수 있습니다. 하지만 개인의 *일거수일투족이 디지털 공간에 기록되면서 사생활이 공개될 수 있고, 다른 사람이 여러분의 정보를 함부로 사용할 수도 있습니다.
>
> *일거수일투족 손 한 번 들고 발 한 번 옮긴다는 뜻으로, 크고 작은 동작 하나하나를 이르는 말.

✎ 엄청난 양의 데이터를 남기는 [   ]의 사용으로 인한 피해에 대해서도 생각해 보아야 한다.

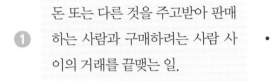
어휘 이해

1 낱말의 뜻을 읽고, 알맞은 낱말을 찾아 줄로 이으세요.

① 돈 또는 다른 것을 주고받아 판매하는 사람과 구매하려는 사람 사이의 거래를 끝맺는 일. •

② 밖으로 드러나지 않게 안에 간직함. •

③ 어떤 언어로 된 글을 다른 언어의 글로 옮김. •

• ㉠ 내장

• ㉡ 번역

• ㉢ 결제

어휘 적용

2 다음 글을 읽고, 빈칸에 공통으로 들어갈 낱말을 보기 에서 찾아 쓰세요.

보기
소모   내장   결제   교환

• 새로 개발된 스마트폰에는 마이크와 스피커가 (   )되어 있어서 사용이 편리하다.
• 이 컴퓨터에 (   )된 부품에는 최첨단 기술이 활용되었다.

어휘 관계

3 다음 보기 의 두 낱말의 관계와 비슷한 것은 무엇인가요?   (   )

보기
사다 – 팔다

① 색상 – 색깔   ② 입장 – 퇴장   ③ 인생 – 삶   ④ 병원 – 치과

4일차

기술

푸드테크가 가져온 변화

1문단 지금으로부터 200년 전, 사람들은 음식을 아주 오랫동안 상하지 않게 보관할 수 있는 통조림을 만들었습니다. 통조림의 발명은 음식을 보관하는 방법 외에도 음식을 조리하고 배달하는 방법, 상점이나 식당의 음식 판매 방법에도 큰 영향을 끼쳤습니다. 오늘날 이와 같은 *혁신적인 기술은 '식품'과 '기술'이 합쳐진 '푸드테크'라는 말로 불리며 식품과 관련된 모든 일을 더욱 빠르게 발전시키고 있습니다. 푸드테크는 우리 생활에 어떤 변화를 가져오고 있을까요?

2문단 푸드테크는 주방의 크기와 역할을 *축소시키고 있습니다. 이것은 푸드테크라 볼 수 있는 '배달 *플랫폼 서비스'와 관련이 있습니다. 사람들은 이 서비스를 이용해 언제든 원하는 음식을 주문할 수 있습니다. 재료를 사서 주방에서 요리하거나, 외식하지 않아도 다양한 음식을 맛볼 수 있는 것입니다. 배달 플랫폼을 이용하는 사람이 점차 늘어나면서 다가올 미래에는 가정에서 주방이 사라질지도 모른다는 말도 나오고 있습니다.

3문단 로봇이나 기계를 활용하여 사람의 일을 대신하는 것도 푸드테크로 인한 변화입니다. 몇몇 식당에서는 요리 로봇이 치킨을 튀기거나 호떡을 굽고, *서빙 로봇이 손님에게 주문을 받아 음식을 가져다 주기도 합니다. 또한 재료를 기기에 넣으면 원하는 음식으로 만들어 주는 '3D 식품 프린터'도 개발되었습니다. 이러한 기술은 우주 식품 개발이나 *고령자를 위한 음식 조리에 활용되고 있습니다.

4문단 새로운 음식 재료를 개발하는 기술도 푸드테크 중 하나입니다. 영양이 풍부한 곤충을 이용하여 새로운 음식을 만들거나, 동물을 먹지 않는 사람을 위해 식물로 만든 고기를 개발하는 것도 푸드테크의 일종입니다.

5문단 첨단 기술의 빠른 발전과 함께 푸드테크는 식품과 관련된 분야에서 더욱 많이 사용될 것입니다. 이와 함께 현대인의 소비 습관이 달라지면서 푸드테크 산업은 계속해서 성장하고 있습니다. 앞으로 푸드테크는 우리 생활을 더 편리하게 변화시키고, 식량 및 환경 문제를 해결할 수 있는 대안이 될 수 있을 것입니다.

➡ 낱말
풀이

혁신적 습관, 조직, 방법 등을 완전히 바꾸어 새롭게 하는 것.
축소 모양이나 크기 따위를 줄여서 작게 함.
플랫폼 다양한 형태로 활용될 수 있는 공간. 이 글에서는 생산자와 소비자를 직접 연결하는 온라인 공간(모바일 앱)을 뜻함.
서빙 음식점이나 가게 따위에서 음식을 나르며 손님의 시중을 드는 일.
고령자 나이가 썩 많은 늙은 사람.

노트에 글의 내용을 정리하고 한 문장으로 요약해 봐!

푸드테크가 가져온 변화

문단별 핵심 내용

1문단 우리 생활에 큰 변화를 가져오는 (   )

2문단 푸드테크가 가져온 변화 ① (   )의 크기와 역할을 축소시킴.

3문단 푸드테크가 가져온 변화 ② 사람의 일을 (   )과 기계가 대신함.

4문단 푸드테크가 가져온 변화 ③ 새로운 음식 (   )가 개발됨.

5문단 첨단 (   )의 빠른 발전과 함께 많은 곳에 사용될 푸드테크

내용 간추리기

푸드테크가 가져온 □□

주방의 크기와 역할을 축소시킴. ── 예 □□ 플랫폼 서비스

사람의 □ 을 로봇과 기계가 대신함. ── 예 요리 로봇과 □□ 로봇
예 3D 식품 프린터의 개발

새로운 음식 재료가 개발됨. ── 예 □□ 을 이용한 음식
예 식물로 만든 고기

✏️ 한 문장 정리하기

_____는 우리 생활에 큰 _____를 가져오고 있으며, 첨단 기술의

빠른 _____과 함께 더 많은 곳에 사용될 것이다.

문해력 완성하기

주제 찾기

1 이 글에서 글쓴이가 말하고자 하는 중심 내용은 무엇인가요? ( )

① 푸드테크의 한계점
② 배달 플랫폼 서비스의 장점
③ 푸드테크가 발달하게 된 이유
④ 푸드테크로 인한 생활의 변화

내용 이해

2 이 글의 내용을 바르게 말한 친구에게는 ○표, 틀리게 말한 친구에게는 X표 하세요.

세령	푸드테크의 발달로 먹고 싶은 음식을 손쉽게 배달시킬 수 있어.	( )
혜원	식물로 고기를 만드는 기술은 아무도 원하지 않아.	( )
현정	곤충을 이용한 음식 개발도 푸드테크의 일종이라고 볼 수 있어.	( )
승화	푸드테크의 발달로 주방에서 요리하는 사람들이 늘어나고 있어.	( )

내용 적용

3 아래 내용은 조리 도구들의 대화입니다. 빈칸에 들어갈 알맞은 낱말을 쓰세요.

> **국자**: 우아, 냄비야! 반짝반짝 빛나는 모습이 정말 멋지다.
>
> **냄비**: 국자야, 고마워! 그런데 사실 난 빛나고 싶지 않아.
>
> **국자**: 빛나고 싶지 않다니? 그게 무슨 말이야?
>
> **냄비**: 난 사실 이 주방에 들어온 뒤에, 한 번도 음식을 조리하는 데 사용된 적이 없어. 그래서 심심하기도 하고 서운하기도 해.
>
> **국자**: 아, 네 말뜻을 이제 알겠어. 나도 심심해. 그런데 우리 집에 오는 그 많은 음식들은 도대체 어디서 나타난 걸까?
>
> **접시**: 그건 내가 알아. 지난번에 잠깐 만난 일회용 접시에게 들었는데, 여기에 사는 사람들이 스마트폰으로 음식을 주문하면 식당에서 바로 배달해 주는 서비스가 있대. 그걸 ( ) 서비스라고 하던걸?
>
> **냄비**: 신기하다. 그런데 이러다 우리가 살고 있는 주방이 사라져 버리는 것은 아닌지 걱정이야!

어휘력 완성하기

어휘 이해

1 밑줄 친 낱말의 뜻으로 알맞은 것을 찾아 줄로 이으세요.

① 그곳의 아이들은 환경의 <u>변화</u>에 적응하지 못해 힘들어 했다. •

• ㉠ 과학 지식을 실제로 적용하여 인간 생활을 이롭게 하는 수단.

② 지도는 실제 땅의 모양을 일정한 비율로 <u>축소</u>하여 나타낸 것이다. •

• ㉡ 모양이나 크기 따위를 줄여서 작게 함.

③ 오늘날에는 통신 <u>기술</u>의 발달로 전 세계가 한 가족처럼 지낸다. •

• ㉢ 사물의 성질, 모양, 상태 따위가 바뀌어 달라짐.

어휘 적용

2 다음 밑줄 친 낱말과 <u>다른</u> 뜻으로 쓰인 문장은 무엇인가요? (   )

> 푸드테크는 식당의 음식 판매 방법에도 큰 영향을 <u>끼쳤습니다</u>.

① 전화드리는 것을 잊어 부모님께 걱정을 <u>끼쳤습니다</u>.
② 공사로 인해 보행자에게 불편을 <u>끼쳤습니다</u>.
③ 갑자기 느껴지는 추위에 소름이 <u>끼쳤습니다</u>.
④ 지구 온난화 현상은 해수면 상승에 큰 영향을 <u>끼쳤습니다</u>.

어휘 관계

3 밑줄 친 낱말과 뜻이 반대인 것은 무엇인가요? (   )

> 푸드테크는 수방의 크기와 역할을 <u>축소</u>시키고 있습니다.

① 강조   ② 변화   ③ 확대   ④ 감소

47

5일차

과학

변화를 넘어 진화를 주장한 찰스 다윈

과학 5-2

1문단 1835년 9월, 갈라파고스 제도에 도착한 생물학자 다윈은 동물들이 같은 *종임에도 불구하고, 조금씩 모습이 다른 것을 발견했습니다. 예를 들어 같은 땅거북이더라도 목 길이와 등껍질의 모습이 조금씩 달랐고, 핀치새들은 저마다 다른 모양의 부리를 가지고 있었습니다. 이에 궁금증을 갖게 된 다윈은 갈라파고스 제도에 있는 동물들의 *진화 과정을 연구하기 시작했습니다.

2문단 핀치새들의 부리 모양이 다른 이유는 각자 다른 먹이를 먹기에 편리한 방향으로 변화했기 때문이었습니다. 곤충을 잡아먹는 핀치새의 부리는 짧고 단단했고, 씨앗을 먹는 핀치새의 부리는 크고 두꺼웠습니다. 선인장을 먹는 핀치새의 부리는 선인장의 가시보다 길었습니다. 다윈은 처음부터 다양한 모양의 부리를 가진 핀치새들이 있었지만, 섬에 있는 먹이를 먹는 데 유리한 부리 모양을 가진 핀치새만이 살아남았을 것이라고 *추측했습니다. 이에 따라 다윈은 자연환경이 같은 종의 생물 중 환경에 더 적합한 종을 선택한다는 '자연 선택설'을 주장했습니다.

3문단 다윈은 『종의 기원』이라는 책을 통해 '자연 선택설'의 내용이 담긴 진화론을 발표하였습니다. 진화론을 통해 모든 동식물의 종이 몇 개의 같은 조상에서 갈라져 나왔으며, 각 생물들은 오랜 시간 동안 서서히 진화했다고 주장했습니다. 즉, 주어진 환경에 따라 적합한 *조건을 가진 생물만이 살아남고 번식하게 된다는 것이었습니다.

4문단 하지만 다윈의 발표는 당시 종교인들로부터 *혹독한 비판을 받았습니다. 당시 대부분의 사람들은 우주의 모든 것은 신이 창조했다는 창조론을 믿었기 때문입니다. 또한, 다윈의 『종의 기원』은 학자들 사이에 큰 *논쟁을 일으켰습니다. 진화론은 과학 분야에서 일하던 사람들뿐 아니라 사회 전반에 큰 영향을 주었으며, 세상을 바라보는 사람들의 *시야를 넓혔습니다.

▲ 핀치새의 다양한 부리 모습

➡ 낱말풀이

종 생물을 종류에 따라 나누는 기초 단위.
진화 생물이 처음으로 생긴 이후부터 조금씩 변해 가는 현상.
추측하다 미루어 생각하여 헤아리다.
조건 어떤 일을 이루게 하거나 이루지 못하게 하기 위하여 갖추어야 할 상태나 요소.
혹독하다 몹시 심하다.
논쟁 서로 다른 의견을 가진 사람들이 각각 자기의 주장을 말이나 글로 논하여 다툼.
시야 사물에 대해 판단할 수 있는 능력이나 여러 일에 대하여 깊이 생각하는 것이 미치는 범위.

변화를 넘어 진화를 주장한 찰스 다윈

문단별 핵심 내용

1문단   동물들의 진화 (   )을 연구한 다윈

2문단   (   )을 주장한 다윈

3문단   『종의 기원』을 통해 (   )을 발표한 (   )

4문단   혹독한 (   )을 받았던 다윈의 발표

2주

내용 간추리기

진화론의 내용

• 모든 동식물의 [   ]은 몇 개의 같은 조상에서 갈라져 나옴.

• 각 생물들은 오랜 시간 동안 진화함.

• 주어진 [   ][   ]에 적합한 조건을 가진 생물만 살아남음.

진화론

진화론 발표 이후

• 종교인들의 혹독한 [   ][   ]을 받음.

• 학자들 사이에 논쟁을 일으킴.

• 사회 전반에 큰 [   ][   ]을 끼침.

• 세상을 바라보는 사람들의 시야를 넓힘.

한 문장 정리하기

_____은 자연환경이 같은 종의 생물 중 _____에 더 적합한 종을 선택한다는 자연

선택설이 담긴 _____을 발표했고, 이는 과학 분야와 사회 전반에 큰 영향을 주었다.

정답과 해설 | 107쪽

주제 찾기

1 이 글의 주제로 알맞은 것은 무엇인가요?　　　　　　　　　　(　　　　)

① 다윈의 여행지

② 다윈의 진화론

③ 창조론의 원리

④ 다양한 핀치새들의 아름다움

내용 이해

2 이 글의 내용을 바르게 말한 친구에게는 ○표, 틀리게 말한 친구에게는 X표 하세요.

정석　 핀치새 부리 모양이 다른 이유는 먹이를 더욱 잘 먹기 위해서야.　(　　)

근민　 같은 종의 생물들은 모두 같은 모습을 하고 있구나.　(　　)

경준　 다윈의 주장에 따르면 같은 종도 환경에 따라 모습이 달라질 수 있어.　(　　)

세영　 자연 선택설이 처음 나왔을 때 사람들은 모두 기뻐했어.　(　　)

내용 적용

3 다음 글을 읽고, 빈칸에 들어갈 알맞은 낱말을 쓰세요.

> 　안녕하세요? 저는 생물학자 다윈이라고 합니다. 오늘은 제가 1862년에 마다가스카르 섬을 탐험했을 때의 이야기를 하려고 해요. 정글을 탐험하다 아주 예쁜 난꽃을 발견했는데 이 난꽃은 *꿀샘관이 매우 길었어요. 자그마치 길이가 30cm 정도나 되었지요. 나는 이 섬에 분명히 주둥이가 30cm가 넘는 나방이 살고 있다고 생각했어요.
>
> *꿀샘관 꽃에서 꿀이 보관되어 있는 부분.

✎ 다윈이 난꽃을 보고 주둥이가 긴 나방이 산다고 생각한 이유는 섬의 [　　　　　]에 적합한 조건을 가진 생물만 살아남았을 거라고 생각했기 때문이다.

어휘 이해

1 밑줄 친 낱말의 뜻으로 알맞은 것을 찾아 줄로 이으세요.

① 『아낌없이 주는 나무』는 조건 없는 사랑에 대해 생각하게 하는 이야기이다. •

• ㉠ 어떤 일을 이루게 하거나 이루지 못하게 하기 위하여 갖추어야 할 상태나 요소.

② 생물들은 대개 생존에 유리한 방향으로 진화하고 있다. •

• ㉡ 편하고 이로우며 이용하기 쉬움.

③ 교통 시설의 발달로 옛날에 비해 여행하는 것이 편리해졌다. •

• ㉢ 생물이 처음으로 생긴 이후부터 조금씩 변해 가는 현상.

어휘 적용

2 다음 글의 빈칸에 공통으로 들어갈 낱말은 무엇인가요? ( )

• 코로나19와 같은 감염병이 발생하면 사람들의 생활에는 많은 ( )가 일어납니다.
• 계절이 바뀌는 시기에는 기온 ( )가 심하니 얇은 겉옷을 준비해야 합니다.

① 변화   ② 문제   ③ 진화   ④ 이유

어휘 관계

3 밑줄 친 낱말의 뜻과 가장 거리가 먼 것은 무엇인가요? ( )

솜이 들어 있는 그 옷은 겨울용 외투로 적합하다.

① 적당하다   ② 알맞다   ③ 소개하다   ④ 합당하다

고기를 못 먹는 곰이라니!

　　귀여움을 한 몸에 받으며 대나무를 먹는 자이언트 판다는 그 정체에 대한 *논쟁으로 더욱 유명합니다. '도대체 어떤 동물인가?'로 시작된 논쟁은 '초식 동물인가? 육식 동물인가?'로 이어졌습니다. 그러다 2010년 *유전자 검사를 통해 판다가 곰에 속한 것으로 확인되었습니다.

　　판다가 대나무를 *주식으로 삼게 된 이유는 '*기후 변화' 때문인 것으로 알려져 있습니다. 판다가 육식을 하던 당시 기후 변화로 먹을 수 있는 고기가 줄어들자, 판다는 생존을 위해 다른 곳으로 이동할지 먹이를 바꿀지를 선택해야 했습니다. 마침 판다가 사는 지역에는 대나무가 풍부했습니다. 대나무를 주로 먹는다면 고기를 먹는 동물들과 경쟁할 필요도 없었기에 판다는 대나무를 주식으로 삼았습니다.

　　대나무를 먹기 시작한 판다에게는 다양한 변화가 일어났습니다. 고기의 맛을 느끼게 하는 기능이 작동하지 않게 되었고, 판다는 더 이상 고기의 맛을 느낄 수 없었습니다. 또한 대나무를 손으로 꼭 쥘 수 있는 여섯 번째 손가락이 생겨났습니다. 이렇게 판다는 세상의 어떤 동물보다 주어진 환경에 맞추어 변한 대표적인 동물입니다.

*논쟁 서로 다른 의견을 가진 사람들이 각각 자기의 주장을 말이나 글로 논하여 다툼.
*유전자 한 생물의 생김새, 특징 등에 관한 정보를 담고 있는 것.
*주식 주로 먹는 음식.
*기후 변화 어떤 지역에서 오랜 기간에 걸쳐 진행되는 비, 눈, 바람 등 기상의 변화.

 한 줄 퀴즈

Q. 대나무를 먹게 된 이후 판다에게 일어난 변화가 <u>아닌</u> 것은 무엇인가요?　　(　　　　　)

① 네 번째 손가락이 생겼다.
② 더 이상 고기 맛을 느낄 수 없었다.
③ 고기를 먹는 동물들과 경쟁할 필요가 없어졌다.

① 정답

환경

예술

쓰레기로 예술 작품을 만들다, 정크 아트

미술 5-2

1문단 우리가 쓰고 버린 쓰레기로 예술 작품을 만드는 사람들이 있습니다. 폐타이어, 담배꽁초, 녹슨 고철 등 더 이상 쓸모없어 버려진 쓰레기들이 예술 작품으로 다시 태어납니다. 이러한 예술 작품을 '정크 아트'라고 부르는데, 이 말은 쓰레기를 뜻하는 '정크'와 미술 작품을 뜻하는 '아트'가 합쳐져 만들어진 말입니다.

2문단 정크 아트는 쓰레기를 예술의 재료로 사용한 이들로부터 시작되었습니다. 미국의 화가 로버트 라우센버그는 버려진 콜라병, 종이, 고무 등의 *폐품을 그림에 덧붙이는 '컴바인 페인팅 기법'으로 새로운 작품을 완성했습니다. 1950년대부터 폐품을 활용하여 작품을 창작하는 예술가들이 등장하면서 정크 아트는 세상에 알려지기 시작했습니다.

3문단 정크 아트 예술가들은 다양한 쓰레기를 작품의 재료로 활용합니다. 영국 출신의 예술가 노블과 웹스터는 6개월 동안 자신들의 일상생활에서 나온 쓰레기를 산처럼 쌓아 올려 작품을 만들었습니다. 작품에 빛을 비추면 그림자의 형태는 '등을 기대어 앉은 남녀의 모습'으로 나타납니다. 정크 아트의 대표적 예술가로 알려진 알레한드로 두란은 세계 여러 나라에서 파도를 타고 밀려온 쓰레기를 같은 색끼리 모아 *설치 작품을 만들었습니다. 멀리서 보면 형형색색의 아름다운 작품이지만, 사실 가까이 가 보면 쓰레기 더미입니다.

4문단 정크 아트는 버려진 물건을 예술로 *재탄생시킴으로써 환경 오염에 대한 *경각심을 일깨워 주고, 환경 보호의 가치를 알립니다. 인간은 매일매일 수많은 쓰레기를 만들어 냅니다. 음식을 먹을 때에도, 배송을 시킬 때에도, 옷을 입으면서도 수많은 플라스틱, 비닐, 종이 등의 쓰레기를 생산하지요. 이렇게 쌓인 쓰레기는 강으로 바다로 흘러가 환경을 오염시킵니다. 우리가 물건을 끊임없이 만들고 *소비하며 쓰레기를 만드는 것에 문제를 *제기한다는 점에서 정크 아트는 환경을 뜻하는 단어 '에코'를 활용하여 '에코 아트'라고 불리기도 합니다.

➡ 낱말
풀이

폐품 못 쓰게 되어 버린 물품.
설치 작품 어떤 재료를 주위 공간과 어울리게 배치하거나 설치하여 만든 예술 작품.
재탄생 다시 생겨남.
경각심 정신을 차리고 주의 깊게 살피어 경계하는 마음.
소비 돈이나 물건, 시간, 노력 따위를 들이거나 써서 없앰.
제기 의견이나 문제를 내어놓음.

쓰레기로 예술 작품을 만들다, 정크 아트

문단별 핵심 내용

1문단 (　　　　　　　　　)의 의미

2문단 쓰레기를 (　　　　　　　)의 재료로 활용하면서 시작된 정크 아트

3문단 다양한 (　　　　　　　)를 작품의 재료로 활용하는 정크 아트

4문단 (　　　　　　　)의 가치를 알리며 에코 아트로 불리는 정크 아트

내용 간추리기

뜻

|　|　|　| 를 활용한

|　|　| |　|　|

재료

• 종이, 고무 등의 |　|　|

• 일상생활에서 나온 쓰레기

• 파도를 타고 밀려온 쓰레기

 아트

정크 아트 예술가

• 로버트 라우센버그

• 노블과 웹스터

• 알레한드로 두란

영향

•  에 대한 경각심을 일깨움.

• 환경 보호의 가치를 알림.

한 문장 정리하기

정크 아트는 쓰레기를 활용한 미술 작품으로, ＿＿＿＿＿＿＿＿＿＿＿＿＿＿

＿＿＿＿＿＿＿＿＿＿＿＿＿＿＿＿＿＿＿＿＿＿＿＿＿＿＿＿＿＿＿＿

1 이 글의 주제로 알맞은 것은 무엇인가요? ( )

① 정크 아트의 재료

② 설치 작품의 역사

③ 환경 보호의 가치를 알리는 정크 아트

④ 정크 아트를 시작한 세계 여러 나라의 예술가들

2 다음 중 이 글의 내용으로 알맞은 것은 무엇인가요? ( )

① 정크 아트는 에코 아트라고 불리기도 한다.

② 알레한드로 두란은 컴바인 페인팅 기법을 사용했다.

③ 정크 아트는 2000년대부터 세상에 알려지기 시작했다.

④ 노블과 웹스터는 파도를 타고 밀려온 쓰레기로 설치 작품을 만들었다.

3 다음 글을 읽고, 빈칸에 들어갈 알맞은 낱말을 쓰세요.

> 정크 아트 예술가 세자르 발다치니는 버려진 차를 납작하게 눌러 만든 작품들을 세상에 내놓았다. 버려졌던 자동차들은 새로운 색을 입고 예술 작품으로 탄생했다. 그는 정크 아트를 통해 현대 사회에서 쉽게 자원을 소비하고 버리는 모습을 비판하였다.

✎ 버려진 차를 납작하게 눌러 만든 [   ] 를 통해 작가는 현대 사회에서 쉽게 자원을 소비하고 버리는 모습을 비판하였다.

어휘 이해

1 낱말의 뜻을 읽고, 알맞은 낱말을 찾아 줄로 이으세요.

① 정신을 차리고 주의 깊게 살피어 경계하는 마음. •

② 의견이나 문제를 내어놓음. •

③ 못 쓰게 되어 버린 물품. •

• ㉠ 폐품

• ㉡ 경각심

• ㉢ 제기

3주

어휘 적용

2 다음 중 낱말을 잘못 활용한 친구는 누구인가요? ( )

① 정연: 여름에는 냉방 기구가 많이 사용되어 전력 소비가 많아.

② 시현: 정크 아트 화가들은 쓰레기를 생산해.

③ 세린: 검은색 잉크가 물에 떨어져 물이 까맣게 오염되었어.

④ 호연: 해변가에 쌓인 쓰레기로 만든 예술 작품이 환경 보호에 대한 경각심을 불러일으켰어.

어휘 관계

3 다음 보기 의 두 낱말의 관계와 다른 것은 무엇인가요? ( )

보기

쓰레기 – 폐타이어

① 예술 – 정크 아트 ② 환경 오염 – 수질 오염

③ 세상 – 세계 ④ 직업 – 작가

2일차

침묵의 봄을 깬 레이첼 카슨

1문단 미국의 생물학자 레이첼 카슨은 1958년 1월, 친구로부터 한 통의 편지를 받습니다. 정부에서 모기를 없애기 위해 숲에 약을 뿌린 후에 자신이 기르던 새들이 죽어 버렸다는 내용이었습니다. 레이첼 카슨은 숲에 뿌린 약에 문제가 있다고 생각했습니다. 새들이 약을 먹은 모기를 먹었기 때문에 죽었다고 생각한 것입니다.

2문단 레이첼 카슨은 모기를 죽이기 위해 뿌린 DDT라는 *살충제가 원인이라는 것을 알아냈습니다. 지금은 DDT가 사람에게 암을 일으킬 수도 있는 위험한 물질이라는 것이 알려져 사용하지 않습니다. 그러나 당시에는 DDT가 해로운 곤충을 죽이는 고마운 약으로 알려져 있었습니다. 레이첼 카슨은 사람들에게 DDT의 위험성을 알리기로 마음먹었습니다.

3문단 1962년, 레이첼 카슨은 20세기에 가장 *영향력 있는 책 중 한 권이라고 평가받는『침묵의 봄』을 *출판합니다. 그 책에는 DDT와 같은 살충제가 동물과 인간에게 어떤 영향을 주는지에 대해 레이첼 카슨이 4년간 조사한 내용이 담겨 있었습니다. 이 책이 출판되자 살충제를 만드는 회사들은 레이첼 카슨을 비난하고 협박했습니다. 그러나 책을 읽은 많은 사람들은 살충제의 위험성과 살충제 사용으로 인한 환경 오염의 *심각성을 깨닫게 되었습니다.

4문단 레이첼 카슨의 책이 출판된 이후, 사회는 서서히 변화하기 시작했습니다. 더 많은 물건을 만들고 더 많은 돈을 버는 것에만 관심을 갖던 사람들이 환경 보호에도 관심을 기울이게 되었습니다. 그러던 1972년, 미국이 처음으로 DDT 사용을 금지하였고, 이후 세계 여러 나라가 이에 *동참하면서 살충제의 사용이 많이 줄어들었습니다.

5문단 경제 발전의 효과는 눈에 띄는 반면, 환경 오염의 피해는 눈에 잘 보이지 않기 때문에 환경 오염 문제에 관심을 기울이기는 쉽지 않습니다. 또한 사람들의 반대가 거셀 때 자신의 *소신을 지키기도 어렵습니다. 이와 같은 것들을 모두 해내고 환경 보호를 위해 노력한 레이첼 카슨의 용기를 기억해야 할 것입니다.

➡️ 낱말
풀이
살충제 사람과 가축, 농작물에 해가 되는 벌레를 죽이거나 없애는 약.
영향력 어떤 사물의 효과나 작용이 다른 것에 미치는 힘.
출판 서적이나 회화 따위를 인쇄하여 세상에 내놓음.
심각성 상태가 매우 깊고 중요한 상태를 띤 성질.
동참 어떤 모임이나 일에 같이 참가함.
소신 굳게 믿고 있는 바. 또는 생각하는 바.

침묵의 봄을 깬 레이첼 카슨

문단별 핵심 내용

1문단   친구로부터 한 통의 편지를 받은 (　　　　　　　　　)

2문단   DDT의 (　　　　　　　)을 알리기로 한 레이첼 카슨

3문단   살충제의 영향에 대해 조사한 『(　　　　　　　　　)』 출판

4문단   레이첼 카슨의 책이 출판된 이후 (　　　　)하기 시작한 사회

5문단   (　　　　　　　　　)를 위해 노력한 레이첼 카슨의 용기

내용 간추리기

레이첼 카슨의 『침묵의 봄』

출판 전   DDT가 사람에게 [　][　][　] 곤충을 죽이는 고마운 약이라고 생각함.

⬇

출판 후
- 살충제의 위험성을 알게 됨.

- 살충제로 인한 [　][　]　[　][　]의 심각성을 깨닫게 됨.

- 1972년 [　][　]에서 처음으로 DDT 사용을 금지함.

- 여러 나라가 DDT 사용 금지에 동참함.

- [　][　][　]의 사용이 줄어듦.

✏ 한 문장 정리하기

레이첼 카슨은 『침묵의 봄』을 출판하여 살충제의 위험성을 알리고, _____

_____

3주

주제 찾기

1 이 글의 주제로 알맞은 것은 무엇인가요?   (   )

① 숲속의 동물을 보호해야 하는 까닭

② DDT에 대한 사람들의 오해

③ 살충제 회사가 레이첼 카슨에게 한 일

④ 레이첼 카슨의 『침묵의 봄』이 사회에 끼친 영향

내용 이해

2 다음 중 이 글의 내용으로 알맞은 것은 무엇인가요?   (   )

① DDT가 개발되었을 당시에도 사람들은 위험성을 알고 있었다.

② 『침묵의 봄』이 출판되자 모든 사람들이 레이첼 카슨을 응원했다.

③ 처음으로 DDT 사용을 금지한 나라는 미국이다.

④ 레이첼 카슨은 자신이 기르던 새가 죽은 이유를 찾고 있었다.

내용 적용

3 다음은 『침묵의 봄』을 읽고 쓴 독후감입니다. 빈칸에 공통으로 들어갈 낱말을 쓰세요.

> 책을 읽기 전에는 왜 이 책이 20세기에 가장 큰 영향력을 끼친 책이라고 하는지 이해하지 못했다. 그러나 지금은 이해할 수 있다. 이 책에는 살충제를 마구잡이로 사용하여 환경이 파괴되었다는 사실이 잘 나타나 있다. 당시 살충제의 사용을 당연하게 생각했던 사람들은 환경 오염의 심각성을 깨달았을 것이다. 책이 출판된 이후로 (   )를 위해 많은 사람들이 노력을 하게 되었다고 하니 정말 다행이다. 이 책을 읽으며 (   )의 중요성에 대해 다시 한번 생각하게 되게 되었다

어휘력 완성하기

어휘 이해

1 낱말의 뜻을 읽고, 문장의 빈칸에 들어갈 낱말을 보기 에서 찾아 쓰세요.

보기 　영　소　향　동　신　참　력

① 사람들은 영향력 있는 사람의 행동에 ⬚⬚ 하기 쉽다.

　➡**낱말의 뜻** 어떤 모임이나 일에 같이 참가함.

② 그는 어떤 협박에도 자신의 ⬚⬚ 을 지키려고 하였다.

　➡**낱말의 뜻** 굳게 믿고 있는 바. 또는 생각하는 바.

③ 그 가수는 세계적으로 큰 ⬚⬚⬚ 을 지닌 인물이다.

　➡**낱말의 뜻** 어떤 사물의 효과나 작용이 다른 것에 미치는 힘.

3주

어휘 적용

2 다음 대화의 빈칸에 들어갈 알맞은 낱말은 무엇인가요?　　　　　　　　（　　　　）

> **지윤**: 어머니, 집 안에 모기가 들어왔어요. 제가 (　　　　)을/를 사용해도 될까요?
>
> **성민**: 그래. 하지만 벌레를 잡는 약인 만큼 사람에게도 해를 줄 수 있으니 조심해야 한단다. 바람이 잘 통하게 문을 연 다음 뿌리렴.

① 구급약　　　　　② 살충제　　　　　③ 영양제　　　　　④ 환풍기

어휘 관계

3 밑줄 친 낱말과 뜻이 비슷한 것은 무엇인가요?　　　　　　　　（　　　　）

> 어머니께서는 틈틈이 쓴 글을 엮어 책을 <u>출판</u>하셨다.

① 비난　　　　　② 협박　　　　　③ 출간　　　　　④ 동참

3 일차

사회

얼음 탑을 만드는 사람들

사회 6-2

1문단 인도의 라다크는 높이 2,700~4,000m에 위치한 지역으로 매우 춥고 *척박한 곳입니다. 이곳의 사람들은 히말라야의 *만년설에 의지해 살아가고 있습니다. 만년설이 녹은 물은 사람들이 살아가는 데 *생명수와 같은 역할을 합니다. 그렇지만 지구 온난화로 *강설량이 줄어들자, 사람들이 사용할 눈의 양도 줄어들었습니다. 또한 평균 기온이 40년간 1℃ 이상 오르면서 눈이 빠르게 녹아 버렸습니다. 눈을 녹여 물을 사용하던 사람들은 생활하는 데 필요한 물이 부족해지고 농작물을 기를 수 없어 농업에도 더 이상 *종사할 수 없게 되었습니다. 그러자 이 지역의 많은 사람들이 정들었던 삶의 터전을 버리고 살 곳을 찾아 떠나기 시작하면서 '기후 *난민'이 되고 말았습니다.

2문단 인도의 라다크에 남은 이들은 기후 변화에 *대처하기 위해 얼음 탑을 만들었습니다. 계곡이나 호수의 물을 마을이 있는 곳까지 끌어와, 이 물로 얼음 탑을 지은 것입니다. 원뿔 모양의 탑은 햇빛을 적게 받아 얼음이 천천히 녹기 때문에 사람들은 얼음 탑을 물을 저장하는 창고로 활용하여 오랜 시간 물을 사용할 수 있었습니다. 사람들은 생활하거나 농사를 짓는 데 필요한 물을 받아 사용했고, 얼음 탑은 라다크에 사는 이들에게 꼭 필요한 존재가 되었습니다.

3문단 2050년이 되면 기후 변화로 전 세계의 기후 난민은 1억 명에 이를 것으로 예상됩니다. 지구 온난화로 해수면이 높아져 육지가 물에 잠기는 상황이 오면, 인도의 라다크에서 발생했던 난민보다 더 많은 기후 난민이 생겨날 것입니다. 또한 기후 변화가 폭풍, 해일, 지진, 산불 등과 같은 자연재해를 더 자주 일으키면서 삶의 터전을 떠나는 이들이 점차 늘어날 것입니다.

4문단 기후 난민은 인도나 일부 나라에만 해당하는 문제가 아닌, 전 세계가 마주한 문제입니다. 늘어나는 기후 난민이 살 곳을 찾기 위해 국경선에 몰리면서 나라 간의 갈등으로 이어지는 등 여러 문제가 발생하고 있습니다. 삶의 터전을 잃어버리기 전에, 우리도 스스로 기후 변화에 대처해야 할 때입니다.

➡ 낱말풀이
척박하다 땅이 기름지지 못하고 몹시 메마르다.
만년설 아주 추운 지방이나 높은 산지에 언제나 녹지 아니하고 쌓여 있는 눈.
생명수 생명을 실리는 데 꼭 필요한 물.
강설량 일정한 기간 동안 일정한 곳에 내린 눈의 양.
종사 어떤 일을 일삼아서 함.
난민 전쟁이나 재난 따위를 당하여 곤경에 빠진 사람.
대처 어떤 상황이나 사건에 대하여 알맞은 조치를 취함.

얼음 탑을 만드는 사람들

문단별 핵심 내용

1문단 지구 온난화로 (   )이 된 인도의 라다크 사람들

2문단 기후 변화에 대처하기 위해 (   )을 만든 라다크 사람들

3문단 (   )로 기후 난민이 많아질 것으로 예상됨.

4문단 우리도 기후 변화에 (   )해야 할 때임.

내용 간추리기

라다크 사람들이 겪는 문제	• 지구 ☐☐☐로 강설량이 줄어들자 생활하는 데 필요한 물이 부족해지고 농업에 종사할 수 없게 됨. ↓ • 많은 사람들이 기후 난민이 됨.
라다크 사람들의 대처	• 계곡이나 호수에서 끌어온 물로 ☐☐☐을 만듦. ↓ • 생활하거나 농사 짓는 데 필요한 ☐을 얻음.

우리도 ☐☐ ☐☐에 대처해야 함.

한 문장 정리하기

기후 변화로 인해 _____

기후 난민이 늘고 있으며, 우리도 기후 변화에 대처해야 한다.

주제 찾기

1 이 글에서 글쓴이가 말하고자 하는 중심 내용은 무엇인가요? ( )

① 라다크 지역의 사람들을 도와야 한다.

② 얼음 탑을 만들어야 한다.

③ 기후 변화에 대처해야 한다.

④ 물 부족으로 인한 나라 간의 갈등을 줄여야 한다.

내용 이해

2 다음 중 이 글의 내용으로 바르지 <u>않은</u> 것은 무엇인가요? ( )

① 기후 난민의 수는 세계적으로 점점 줄어들고 있다.

② 지구 온난화로 해수면이 높아지고 있다.

③ 라다크의 얼음 탑은 물을 저장하는 창고 역할을 한다.

④ 기후 변화로 삶의 터전을 떠나는 사람들이 더 많이 발생할 수 있다.

내용 적용

3 다음 글을 읽고, 빈 곳에 들어갈 알맞은 말을 쓰세요.

> 2019년 스웨덴의 환경 운동가 그레타 툰베리는 뉴욕에서 열린 '유엔 기후행동정상회의'에 참석하였습니다. 툰베리는 화석 연료를 사용하는 비행기나 배를 이용하는 대신, *친환경 태양광 요트를 타고 뉴욕으로 향했습니다. 화석 연료를 사용하게 되면 환경을 오염시키는 이산화 탄소 등과 같은 물질이 많이 나오기 때문입니다. 이러한 툰베리의 모습은 전 세계 사람들에게 환경 보호의 중요성에 대해 생각할 수 있게 하였습니다. 뉴욕에 도착한 그녀는 여러 나라들이 환경을 위한 목소리만 높일 뿐 직접 실천하지 않는다고 비판하였습니다.
>
> *친환경 자연환경을 오염하지 않고 자연 그대로의 환경과 잘 어울리는 일.

 툰베리의 말처럼 우리는 _____

어휘 이해

1 낱말의 뜻을 읽고, 문장의 빈칸에 들어갈 낱말을 보기 에서 찾아 쓰세요.

보기 | 척 | 대 | 종 | 처 | 사 | 박 |

1 그가 새롭게 머무를 땅은 매우 ☐☐하였다.

낱말의 뜻 땅이 기름지지 못하고 몹시 메마름.

2 마을 사람들은 농사일에 ☐☐하고 있다.

낱말의 뜻 어떤 일을 일삼아서 함.

3 경찰은 그 상황에서 적절한 ☐☐를 하여 범인을 체포하였다.

낱말의 뜻 어떤 상황이나 사건에 대하여 알맞은 조치를 취함.

어휘 적용

2 다음 글을 읽고, 빈칸에 공통으로 들어갈 낱말을 보기 에서 찾아 쓰세요.

보기
| 저장 | 종사 | 조치 | 대처 |

• 농업에 ( )하는 사람들이 기후 변화로 인해 직업을 잃게 되었습니다.
• 새로운 터전을 찾아 떠난 사람들은 기존과 다른 직업에 ( )하게 됩니다.

☐☐

어휘 관계

3 다음 보기 의 두 낱말의 관계와 비슷한 것은 무엇인가요? ( )

보기
상승 – 하락

① 협조 – 협력 　　② 무료 – 유료 　　③ 대처 – 대응 　　④ 저장 – 보관

융합

아프리카에 에어컨이 없는 건물이 있다고?

1문단   1990년 건축가 믹 피어스는 아프리카 짐바브웨의 수도 하라레에 에어컨이 없는 쇼핑센터를 지어 달라는 제안을 받았습니다. 하라레는 낮 최고 기온이 40℃에 이르고 *일교차가 매우 크며, 전기 공급이 잘 되지 않는 도시였지요. 믹 피어스는 불가능하다고 여겨 망설였지만 결국 이 건물을 짓기로 결심했습니다. 비슷한 환경에서도 끄떡없이 생활하는 아프리카 흰개미의 지혜가 문득 떠올랐기 때문입니다.

2문단   아프리카에서는 탑 모양의 흰개미집을 자주 볼 수 있습니다. 높이가 무려 6m에 이르는 것도 있지요. 집 안의 통로는 복잡하지만 위아래로 많은 구멍이 뚫려 있습니다. 높은 곳으로 올라가는 성질을 가진 더운 공기는 집 꼭대기의 구멍을 통해 빠져나가고, 바닥의 구멍을 통해 땅속의 서늘한 공기가 들어옵니다. 흰개미들은 필요에 따라 일부 구멍을 여닫으면서 집 *내부의 온도를 조절합니다. 이러한 *구조 덕분에 40℃의 일교차가 발생하는 날씨에서도 흰개미의 집은 알을 부화하는 데 *최적의 온도인 29℃ 전후를 유지할 수 있습니다.

3문단   피어스는 공기의 *순환으로 온도를 유지하는 흰개미집의 구조를 건물을 짓는 방식에 그대로 활용하였습니다. 먼저 건물의 지하층을 비워 차가운 공기가 들어올 수 있는 공간을 만들었습니다. 지하층의 바닥에도 구멍을 내고, 1층에는 여러 개의 출입구를 만들었습니다. 그리고 10층 높이의 건물을 지어 천장에 구멍을 뚫고 지붕에 커다란 63개의 *환풍구를 설치하였습니다. 흰개미들이 구멍을 여닫으며 온도를 조절하듯 건물 곳곳에 설치된 환풍구를 여닫아 내부 온도를 조절하기 위해서였습니다.

4문단   이렇게 탄생한 쇼핑센터는 한여름 뜨거운 한낮에도 에어컨 없이 24℃의 실내 온도를 유지할 수 있습니다. 이 건물의 *전력 사용량은 동일한 규모의 건물에 필요한 전력의 1/10에 불과하지요. 흰개미집을 닮은 이 건물은 에너지를 절약하여 환경을 지키는 대표적인 건축물로 널리 알려지게 되었습니다.

➡ 낱말
풀이
일교차 하루 동안의 최고 기온과 최저 기온의 차이
내부 안쪽의 부분.
구조 부분이나 요소가 어떤 전체를 짜 이룬 모양을 일컫는 말.
최적 가장 알맞음.
순환 일정한 간격을 두고 되풀이하여 도는 과정.
환풍구 건물 안의 더운 공기를 빼내 밖의 공기가 새로 들어오게 하기 위해 건물에 뚫어 놓은 구멍.
전력 일정한 시간에 사용되는 전류의 양.

아프리카에 에어컨이 없는 건물이 있다고?

문단별 핵심 내용

1문단   아프리카 (　　　　　　　　　)의 지혜를 떠올려 건물을 짓기로 한 믹 피어스

2문단   큰 일교차에도 같은 온도를 유지하는 흰개미집의 (　　　　)

3문단   공기의 (　　　　)으로 온도를 유지하는 흰개미집의 구조를 건물을 짓는
방식에 활용함.

4문단   에너지를 (　　　　)하고 환경을 지키는 대표적인 건축물로 널리 알려짐.

내용 간추리기

> 실내 온도를 일정하게 유지하는 방법

하라레의 쇼핑센터

- 탑 모양의 형태
- 위아래로 많은 [　　|　　] 이
  뚫려 있음.
- 최석의 온도를 유지함.

공기의
순환으로 온도를
하는
구조

- 차가운 공기가 들어오는
   이 있음.
- 여러 개의 출입구가 있음.
- 흰풍구로 내부 [　　|　　]를
  조절함.

✏️ 한 문장 정리하기

건축가 믹 피어스는 ＿＿＿＿＿＿＿＿＿＿＿＿＿＿＿＿＿＿＿＿＿＿＿＿＿＿＿

＿＿＿＿＿＿＿＿＿＿＿＿＿＿＿ 에너지를 절약하고 환경을 지키는 건물을 건축하였다.

정답과 해설 | 111쪽

주제 찾기

1 이 글을 학교 누리집에 소개할 때, 제목으로 가장 알맞은 것은 무엇인가요? (   )

① 흰개미의 습성
② 아프리카 건물의 특징
③ 흰개미집의 구조를 닮은 건물
④ 에어컨 사용을 줄여야 하는 이유

내용 이해

2 다음 중 이 글의 내용으로 바르지 <u>않은</u> 것은 무엇인가요? (   )

① 흰개미집의 더운 공기는 위로 올라가 구멍으로 빠져나간다.
② 쇼핑센터 지하층의 공간은 찬 공기를 가두어 두는 역할을 한다.
③ 흰개미집에는 많은 수의 구멍이 뚫려 있다.
④ 믹 피어스는 자연으로부터 새로운 건축 아이디어를 얻었다.

내용 추론

3 아래 내용은 흰개미들의 대화입니다. 빈칸에 들어갈 알맞은 낱말을 쓰세요.

> **흰개미264:** 애들아, 어서 빨리 재료를 만들자!
>
> **흰개미118:** 어휴 힘들어, 침과 배설물로 계속 흙을 뭉쳐 내는 일이 결코 쉽지가 않네. 그런데 이 흙뭉치가 다 어디로 가는 거지?
>
> **흰개미264:** 그걸 왜 궁금해하고 그래. 우리는 그냥 계속 만들기만 하면 돼.
>
> **흰개미34:** 우아, 많이 만들었구나! 어서 꼭대기로 가져가야지.
>
> **흰개미118:** 꼭대기로 간다고? 흙뭉치를 왜 꼭대기까지 가져가야 하는 거야?
>
> **흰개미34:** 하하하, 저기 위를 봐. 구멍들 보이지? 그 옆의 벽을 더 튼튼하게 만들기 위해 흙뭉치를 가져가는 거야.
>
> **흰개미118:** 그렇구나. 그런데 구멍을 왜 막지 않는 거야? 비가 오면 어쩌려고.
>
> **흰개미34:** 우리가 움직이면서 생긴 더운 공기를 밖으로 내보내시 집 안의 온도를 최적의 온도로 유지하기 위해 (   )을 열어 두는 거야.
>
> **흰개미118:** 아하! 그렇구나.

어휘 이해

1 낱말의 뜻을 읽고, 알맞은 낱말을 찾아 줄로 이으세요.

① 어떤 상태나 상황을 보존하거나 변함없이 계속하여 지탱함. •

② 안쪽의 부분. •

③ 하루 동안의 최고 기온과 최저 기온의 차이. •

• ㉠ 일교차

• ㉡ 내부

• ㉢ 유지

3주

어휘 적용

2 다음 글을 읽고, 빈칸에 공통으로 들어갈 낱말을 보기에서 찾아 쓰세요.

보기
설치   정화   역할

학교 축구부에서 친구들을 이끄는 주장 (   )을/를 맡기로 했다.

우리는 각자 맡은 (   )에 최선을 다하기로 약속했다.

어휘 관계

3 밑줄 친 낱말과 뜻이 비슷한 것은 무엇인가요? (   )

신문 곳곳에 설치된 환풍구를 여닫아 내부 온도를 조절하는 것입니다.

① 절약   ② 조정   ③ 제공   ④ 보완

69

5일차

과학

지구를 위험하게 만드는 1℃

사회 6-2

1문단 최근 폭염과 *혹한, 폭우나 태풍이 잦아졌습니다. 보통과는 다른 갑작스러운 날씨 변화에 세계 곳곳에서는 대처에 큰 어려움을 겪기도 합니다. 기상 전문가들은 이러한 *이상 기후 현상의 원인을 지구 온난화, 즉 지구의 '평균 기온 상승' 때문이라고 말합니다. 작은 차이로 느껴질 수도 있지만 지구 평균 기온이 단 1℃만 상승해도 지구에 갖가지 문제를 일으킵니다.

2문단 먼저, 지구의 평균 기온 상승은 각종 자연재해를 일으킵니다. 그중 하나는 북극의 빙하가 녹아 해수면이 상승하는 것입니다. 빙하는 태양에서 지구로 오는 빛을 반사하여 지구가 너무 뜨거워지지 않도록 지구의 온도를 일정하게 유지하는 역할을 합니다. 그런데 빙하가 녹으면 태양 빛을 *흡수하는 양이 늘어나고 지구의 온도가 높아져 해수면이 상승하게 됩니다. 또한, 바다의 높아진 온도 때문에 강력한 태풍이 자주 일어나게 되고, 이러한 현상은 집중 호우와 홍수와 같은 자연재해로 이어집니다.

3문단 우리나라에 살고 있지 않던 *병해충이 증가하는 것도 지구의 평균 기온이 점차 올라가고 있기 때문입니다. 일 년 내내 더운 나라에서만 살던 해충들이 점점 따뜻해지는 우리나라로 *유입되는 것이지요. 이러한 해충들은 *천적이 없고, 높은 기온으로 인해 빠른 속도로 자라기 때문에 *번식량도 늘어나고 있습니다. 또한 해충 피해로 농작물의 수확량도 줄어들고 있습니다. 이러한 해충들은 농작물뿐 아니라 생태계 전체에 큰 피해를 줍니다.

4문단 지구의 평균 기온 상승은 인류에게도 큰 위협이 됩니다. 폭염으로 열사병에 걸리는 사람이 늘어났고, 자주 찾아오는 가뭄으로 식량이나 식수가 부족해지는 문제도 생기고 있습니다. 또한 감염병이 *빈번해져 수많은 사람이 목숨을 잃고 전 세계의 경제 활동이 마비되기도 합니다. 어쩌면 작은 차이로 느껴지는 1℃의 상승이 인류는 물론 지구 전체에 다양한 문제를 일으키는 것입니다.

➡ 낱말풀이
혹한 심한 추위.
이상 기후 기온이나 강수량 따위가 정상적인 상태를 벗어난 기후.
흡수 빨아서 거두어들임.
병해충 주로 농작물 따위에 해를 입히는 병과 해충.
유입 병원균 따위가 들어옴.
천적 힘이 세거나 크게 위협이 되는 동물.
번식량 생물이 자손을 늘리는 양.
빈번하다 잇따라 자주 있다.

지구를 위험하게 만드는 1℃

문단별 핵심 내용

1문단 이상 기후 현상의 (   )이 되는 지구의 평균 기온 상승

2문단 지구의 평균 기온 상승이 일으키는 문제 ① 각종 (   )

3문단 지구의 평균 기온 상승이 일으키는 문제 ② 병해충이 (   )함.

4문단 지구의 평균 기온 상승이 일으키는 문제 ③ 인류에게 큰 (   )이 됨.

내용 간추리기

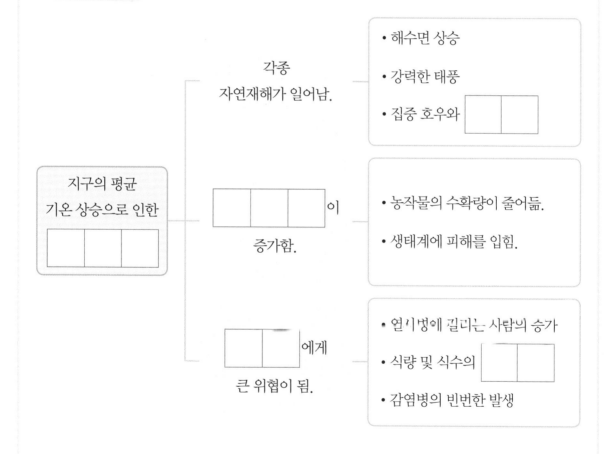

한 문장 정리하기

작은 차이로 느껴지는 평균 기온이 1℃ 상승은 _____

_____ 다양한 문제를 일으킨다.

문해력 완성하기

주제 찾기

1 이 글의 주제로 알맞은 것은 무엇인가요? ( )

① 날씨의 종류

② 북극의 빙하가 녹는 문제

③ 폭염으로 인해 발생하는 어려움

④ 지구의 평균 기온 상승이 가져오는 다양한 문제

내용 이해

2 이 글을 뒷받침하는 자료로 알맞지 <u>않은</u> 것은 무엇인가요? ( )

① 녹아서 무너지고 있는 북극의 빙하 사진

② 집중 호우가 발생한 지역을 표시한 세계 지도

③ 새들의 이동으로 인해 피해를 입은 지역을 소개하는 기사

④ 가뭄으로 인해 땅이 갈라진 아프리카의 사진

내용 추론

3 다음은 뉴스를 보고 친구들이 나눈 대화입니다. 빈칸에 들어갈 알맞은 낱말을 쓰세요.

최근 몰디브, 투발루와 같은 섬나라들이 많은 어려움을 겪고 있습니다. 바로 해수면이 상승하여 나라가 점점 물에 잠기고 있기 때문인데요. 기후 변화로 인한 피해는 이런 섬나라만 겪고 있는 문제가 아닙니다. 전 세계적으로 폭염으로 인한 산불, 집중 호우, 홍수로 인한 *이재민들이 발생하고 있습니다.

*이재민 재해를 입은 사람.

민경: 준호야, 자연재해가 빈번해지는 이유는 뭘까?

준호: 음, 내가 끼 후 번해의 원인이 되는 지구의 평균 ( ) 때문일 거야.

어휘력 완성하기

3주

어휘 이해

1 밑줄 친 낱말의 뜻으로 알맞은 것을 찾아 줄로 이으세요.

① 건조한 날씨에는 산불이 <u>빈번하게</u> 발생한다.

ⓐ 심한 추위.

② <u>혹한</u>으로 꽁꽁 언 호수에서 얼음낚시 축제가 열렸다.

ⓑ 빨아서 거두어들임.

③ 속옷은 땀 <u>흡수</u>가 잘되고 착용이 편해야 한다.

ⓒ 잇따라 자주 있다.

어휘 적용

2 밑줄 친 낱말과 같은 뜻으로 쓰인 문장은 무엇인가요? (   )

이상 저온 현상으로 농작물의 피해가 커지고 있다.

① 우리나라는 만 18세 <u>이상</u>이 되면 누구에게나 선거권을 준다.
② 그는 몸에 <u>이상</u> 증세를 느끼고 병원을 찾았다.
③ 이왕 일을 시작한 <u>이상</u> 끝까지 해내야 한다.
④ 필요 <u>이상</u>으로 친절을 베푸는 사람을 조심해야 한다.

어휘 관계

3 밑줄 친 두 낱말의 관계와 비슷한 것은 무엇인가요? (   )

환경 전문가들은 기후 변화의 <u>원인</u>과 <u>결과</u>를 연구하기 시작했다.

① 상승 - 인상   ② 피해 - 손해
③ 생태계 - 숲   ④ 증가 - 감소

73

우리가 남긴 흔적, 탄소 발자국

하얗게 내린 눈 위를 걸으면 발자국이 생깁니다. 그런데 우리가 지나간 자리에 눈에 보이지 않는 또 다른 발자국이 생긴다는 것을 알고 있나요? 바로 '탄소 발자국'입니다. 탄소 발자국이란 우리가 일상생활에서 만들어 내는 *온실가스, 특히 이산화 탄소의 *배출량을 말합니다. 이산화 탄소는 지구의 뜨거운 열기가 우주 밖으로 빠져나가는 것을 막아 지구의 평균 기온을 상승시킵니다.

자동차를 탈 때, 선풍기와 같은 가전제품, 컴퓨터와 스마트 기기 등을 사용할 때 이산화 탄소가 발생합니다. 물론 우리가 살아가면서 탄소 발자국을 아예 만들지 않는 것은 불가능합니다. 하지만 줄일 수 있는 방법이 있습니다. 낮은 층은 엘리베이터 대신 계단을 이용하거나, 가까운 거리는 걷거나 대중교통을 이용한다면 탄소 발자국을 줄일 수 있습니다. 일상생활에서 실천하는 작은 노력이 지구를 구하는 길로 이어집니다. 지금, 탄소 발자국을 줄이려는 노력을 시작해 보는 것은 어떨까요?

*온실가스 지구의 공기를 오염시켜 지구의 온도를 높이는 가스를 통틀어 이르는 말. 이산화 탄소 따위의 가스.
*배출량 어떤 물질을 안에서 밖으로 내보내는 양.

Q. 일상생활에서 만들어지는 이산화 탄소의 배출량을 무엇이라고 하나요?

✎ [   ]

4주

주제어

관계

일차	영역	공부할 내용	쪽수	공부할 날	스스로 평가
1	예술	영상에 소리를 입히다, 폴리 아티스트	76~79쪽	월 일	
2	인문	대화의 달인 국어 5-1	80~83쪽	월 일	
3	사회	고슴도치 딜레마의 극복	84~87쪽	월 일	
4	기술	꽃과 드론의 새로운 관계	88~91쪽	월 일	
5	과학	벌이 사라지면 동물이 멸종한다고? 과학 5-2	92~95쪽	월 일	

1 일차

예술

영상에 소리를 입히다, 폴리 아티스트

1문단 영화를 볼 때 장면에 어울리는 소리가 없다면 보는 재미가 *반감될 것입니다. 배우들의 목소리를 제외한 장면 속 다양한 소리는 영화를 촬영하면서 함께 녹음되는 소리가 아닙니다. 폴리 아티스트의 손에서 만들어진 소리입니다. 여러 사물이나 신체를 활용하여 소리를 만드는 사람을 '폴리 아티스트'라고 하며, 이들은 영상에 가장 어울리는 소리를 입히기 위해 많은 노력을 합니다.

2문단 '폴리 아티스트'라는 말은 잭 폴리라는 사람의 이름에서 따왔습니다. 소리가 없는 무성 영화가 소리가 나는 유성 영화로 바뀌면서 잭 폴리는 장면과 어울리는 생생한 *음향 효과를 만들어 녹음하였습니다. 그는 발소리 하나에도 등장인물의 성격과 마음 상태를 담아내었다고 인정받은 뛰어난 효과음 전문가였습니다. 그렇다면 폴리 아티스트는 어떻게 다양한 소리를 만들어 내는 걸까요?

3문단 먼저 폴리 아티스트는 장면 속 상황과 등장하는 인물의 특징을 *분석합니다. 영상에서 일어나는 일들을 분석하고, 그에 따라 인물이 어떤 감정을 느끼는지, 인물의 성격은 어떤지 이해하여 그와 어울리는 소리가 무엇인지 생각합니다. 그래서 발소리 하나에도 인물의 감정을 담아서 다르게 표현하는 것이지요.

4문단 그 다음, 폴리 아티스트는 소리의 다양한 재료를 찾아냅니다. 녹음된 소리가 실제보다 더 실감 나게 들릴 수 있도록 창의적인 재료나 방법을 찾아내어 적절한 소리를 만들어 냅니다. 예를 들어 눈 밟는 소리는 소금이나 감자 *전분을 이용해 만들어 냅니다. 소금을 밟을 때 나는 소리나 감자 전분을 넣은 주머니를 손으로 눌렀을 때 나는 소리를 녹음해서 사용하는 것이지요. 총알이 *장전되는 소리는 문고리를 돌려서, 파도 소리는 플라스틱 통에 넣은 쌀을 흔들어서 만들어 냅니다.

5문단 평소에 폴리 아티스트는 다양한 소리를 *탐색합니다. 영화나 게임에는 상상의 동물이나 외계인 등이 등장하여 세상에 없는 소리를 만들어야 할 때도 있고, 기존에 가지고 있는 재료로 낼 수 없는 소리가 있기도 합니다. 그래서 폴리 아티스트는 평소에 길에 버려진 쓰레기를 주워 문지르기도 하고 고물을 뒤져 이리저리 두드려 보기를 주저하지 않습니다.

➡ **낱말 풀이**
반감되다 절반으로 줄다.
음향 효과 연극, 영화, 방송 등에서 여러 가지 소리를 내어 극의 실감을 돋우는 일.
분석하다 얽혀 있거나 복잡한 것을 풀어서 개별적인 요소나 성질로 나누다.
전분 감자, 고구마 등을 갈아서 가라앉은 앙금을 말린 가루.
장전 총포에 탄알이나 화약을 재어 넣는 일.
탐색하다 드러나지 않은 사물이나 현상 따위를 찾아내거나 밝히기 위하여 살피어 찾다.

영상에 소리를 입히다, 폴리 아티스트

문단별 핵심 내용

1문단 (   )의 의미

2문단 '폴리 아티스트'라는 말은 (   )라는 사람의 이름에서 따왔음.

3문단 장면 속 (   )과 등장인물의 특징을 분석하는 폴리 아티스트

4문단 소리의 다양한 (   )를 찾아내는 폴리 아티스트

5문단 평소에 다양한 소리를 (   )하는 폴리 아티스트

4주

내용 간추리기

| | | | | | 가 하는 일 |

장면 속 상황과
등장인물의 특징 분석

- 영상 속 | | | 을 분석
- 인물의 | | | 과 성격을 이해

소리의 다양한 재료 찾기

- | | 밟는 소리: 소금, 감자 전분 이용
- 총알이 장전되는 소리: | | | | 이용
- 파도 소리: | | , 플라스틱 통 이용

다양한 소리 탐색 ── 쓰레기 문지르기, 고물 두드려 보기 등

✏️ 한 문장 정리하기

폴리 아티스트는 _____

_____

1 이 글의 주제로 알맞은 것은 무엇인가요? ( )

① 무성 영화에서 유성 영화로 바뀌는 과정

② 다양한 소리의 종류

③ 폴리 아티스트라는 이름의 유래

④ 폴리 아티스트의 의미와 하는 일

내용 이해

2 다음 중 이 글의 내용으로 바르지 <u>않은</u> 것은 무엇인가요? ( )

① 폴리 아티스트는 장면 속 상황에 어울리는 소리를 생각한다.

② 폴리 아티스트는 이 세상에 없는 소리를 만들어야 할 때도 있다.

③ 폴리 아티스트는 기존에 가지고 있던 재료만 이용해 실감 나는 소리를 만든다.

④ 무성 영화에서 유성 영화로 바뀌면서 폴리 아티스트라는 직업이 생겨났다.

내용 적용

3 다음 대화를 읽고, 빈칸에 알맞은 말을 쓰세요.

> **기자**: 지금 폐품이 쌓여 있는 *고물상에서 무엇을 하고 계신가요?
>
> **폴리 아티스트**: 필요한 소리를 낼 수 있는 물건이 있을까 해서 뒤져 보고 있습니다. 이 장난감
> 으로 괴물이 내는 소리를 만들 수 있을 것 같아서요. 평소에도 길을 다니다 폐
> 품이 보이면 그냥 지나치지 않고 두드려서 소리를 내 봐요. 이 소리가 어디에
> 어울릴지 상상해 보고 다양한 재료들을 주워 와서 녹음실에서 사용하지요.
>
> *고물상 헐거나 낡은 물건 등을 사고파는 가게.

 폴리 아티스트는 평소에 [   ]를 탐색한다.

78

어휘력 완성하기

어휘 이해

1 낱말의 뜻을 읽고, 문장의 빈칸에 들어갈 낱말을 보기 에서 찾아 쓰세요.

보기

녹음   탐색   반감   효과

❶ 결말을 미리 알고 영화를 보니 재미가 □□ 되었다.

➡낱말의 뜻 절반으로 줄임.

❷ 책은 꿈을 □□ 하는 데 여러모로 도움이 된다.

➡낱말의 뜻 드러나지 않은 사물이나 현상 따위를 찾아내거나 밝히기 위하여 살피어 찾음.

❸ 애니메이션 주인공의 목소리는 성우의 목소리를 □□ 한 것이다.

➡낱말의 뜻 테이프 또는 영화 필름 따위에 소리를 기록함.

어휘 적용

2 문장의 빈칸에 들어갈 알맞은 낱말을 찾아 줄로 이으세요.

❶ 군사들이 커다란 총에 총알을 (   )했다.   •   • ㉠ 장전

❷ 경찰이 사라진 금덩어리의 위치를 (   )했다.   •   • ㉡ 평소

❸ (   )보다 늦게 일어나 지각을 하였다.   •   • ㉢ 탐색

어휘 관계

3 밑줄 친 낱말과 뜻이 비슷한 것은 무엇인가요? (   )

스피커에서 나오는 <u>소리</u>를 들으니 마치 공연장에 있는 것 같았다.

① 음향   ② 녹음   ③ 상황   ④ 사물

2 일차

대화의 달인

국어 5-1

1문단 대화 중 상대방이 내 말을 잘 들어 주지 않는 것 같아서, 내가 보낸 휴대 전화 메시지에 대답해 주지 않아서 속상했던 적이 있나요? 그것은 대화의 기술이 부족해서 인지도 모릅니다. 대화의 *달인이 되고 싶다면 다음과 같은 점을 기억하세요.

2문단 첫째, 처음 대화를 시작할 때 *일상적인 것에 대해 가볍게 묻는 것이 좋습니다. 새로운 상대와 대화할 때에는 어색한 분위기를 푸는 과정이 필요합니다. 이때 서로 의견이 다를 수 있는 종교와 관련된 이야기는 하지 않는 것이 좋습니다. 날씨나 학교 숙제와 같은 가볍고 일상적인 주제에 대해 질문하세요.

3문단 둘째, '나' 대화법과 '너' 대화법을 기억하세요. 예를 들어서, '아버지는 왜 제 말을 들어 주지 않고, *권위적으로 저를 대하세요?'와 같이 말하면 '나'가 아니라 '아버지'에 대해 말한 것이므로 '너' 대화법을 사용한 셈입니다. '저는 아버지가 제 말을 들어 주지 않으셔서 속상해요.'와 같이 '나' 대화법을 사용하는 것이 좋습니다.

4문단 셋째, '그런데'와 '하지만'은 적게 사용하는 것이 좋습니다. 예를 들어 약속에 늦어 상대방이 화가 나 있는 경우를 생각해 보세요. '미안해. 그런데 갑자기 전화가 와서 어쩔 수 없었어.'와 같이 '그런데'를 사용하면 상대방의 기분이 더 상할 수 있습니다. '미안해. 그리고 앞으로 늦지 않을게.'와 같이 '그리고'를 사용하는 편이 낫습니다.

5문단 넷째, 문자 메시지는 짧게 남기는 것이 좋습니다. 하고 싶은 말을 자세하고 길게 설명하는 것보다 핵심만 전달하는 것이 훨씬 효과적입니다. 휴대 전화로 글을 읽을 때 긴 글보다 짧은 글에 먼저 눈이 가는 것을 생각하면 쉽게 이해할 수 있습니다.

6문단 그러나 이보다 더 중요한 것이 있습니다. 대화의 기본은 말하는 것이 아니라 듣는 것이라는 점입니다. 나의 말보다 상대방의 말에 주의를 기울일 때, 좀 더 즐거운 대화를 할 줄 아는 대화의 달인이 될 수 있을 것입니다.

➡ 낱말
풀이
달인 학문, 기술, 예술 등에 남달리 뛰어난 역량을 가진 사람.
일상적 날마다 볼 수 있는 것.
권위적 남의 개성, 자유, 능력 등을 인정하지 않고 자기를 그대로 따르게 하려는 것.

대화의 달인

문단별 핵심 내용

1문단 (   )의 달인이 되기 위해 기억해야 할 것들

2문단 대화를 시작할 때 (   )인 것에 대해 가볍게 묻기

3문단 (   )과 '너' 대화법 기억하기

4문단 '그런데'와 '(   )' 적게 사용하기

5문단 문자 메시지는 (   ) 남기기

6문단 대화의 (   )은 듣는 것임을 기억하기

4주

내용 간추리기

대화의 달인이
되는 방법

- 일상적인 것에 대해 가볍기 묻기

- ' ☐ ' 대화법 사용하기

- '그런데'와 '하지만'보다 ' ☐☐☐ ' 사용하기

- 문자 메시지는 ☐☐ 만 짧게 남기기

- 대화의 기본은 ☐☐ 것임을 기억하기

✏️ 한 문장 정리하기

다른 사람과 대화를 잘하기 위해서는 _____

_____

_____

문해력 완성하기

주제 찾기

1 이 글의 제목을 다시 붙인다고 할 때 가장 적절한 것은 무엇인가요?　　　（　　　）

① 다른 사람과 즐겁게 대화하는 방법

② 사람들과 대화할 때 피해야 할 주제

③ 대화에서 가장 중요한 말하기

④ 문자 메시지 잘 보내는 방법

내용 이해

2 새로운 상대와 대화를 할 때 지켜야 할 점으로 바르지 <u>않은</u> 것은 무엇인가요?　（　　　）

① 일상적인 것에 대해 가볍게 묻는 것이 좋다.

② 종교와 관련된 이야기를 하면 쉽게 대화를 시작할 수 있다.

③ 날씨나 학교 숙제 같은 것에 대해 묻는 것이 좋다.

④ 서먹서먹한 분위기를 푸는 과정이 필요하다.

내용 적용

3 다음 대화의 빈 곳에 들어갈 알맞은 말은 무엇인가요?　　　　　　　　（　　　）

> **지수**: 언니, 정말 너무 못됐다! 그거 내가 제일 아끼는 펜인데 마음대로 쓰면 어떻게 해?
>
> **지민**: 야! 내가 알고 그랬냐? 모르고 그런 건데 못됐다고 할 건 뭐야?
>
> **지수**: 언니가 잘못했으면서 왜 나한테 화를 내?
>
> **아빠**: 지수가 많이 화가 났구나. 그런데 지금 지수가 말한 방법은 언니를 화나게 할 수 있어.
> 　　　'＿＿＿＿＿＿＿＿＿'라고 말해 보면 어떨까?

① 나는 내가 제일 아끼는 펜을 언니가 마음대로 써서 속상해.

② 언니, 내 거 마음대로 쓰면 안 되지. 그러지 않기로 약속했잖아.

③ 언니가 내 펜 마음대로 썼어? 그럼 나도 언니 물건 마음대로 쓸 거야.

④ 언니가 내 펜 썼구나. 아빠한테 다 말할 거야.

어휘력 완성하기

어휘 이해

1 밑줄 친 낱말의 뜻으로 가장 알맞은 것은 무엇인가요? ( )

> 나는 어릴 때부터 주의가 산만하다는 말을 많이 들었다.

① 마음에 새겨 두고 조심함.
② 유도 경기에서 심판이 내리는 벌칙의 하나.
③ 어떤 한 곳이나 일에 관심을 집중하여 기울임.
④ 경고나 훈계의 뜻으로 일깨움.

4주

어휘 적용

2 다음 글을 읽고, 빈칸에 들어갈 알맞은 낱말을 보기에서 찾아 각각 쓰세요.

> 보기
>
> 일상적   권위적   상투적

20○○년 12월 24일 바람이 쌩쌩 부는 날
오빠의 심부름

편의점에 과자를 사러 갔다. 오빠는 어제에 이어서 오늘도 자기가 먹고 싶은 과자를 나한테 사오라고 시켰다. 오빠의 심부름을 해 주는 것이 나에게는 매우 (㉠)인 일이 되었다. 오빠의 심부름을 하기 싫지만, 오빠는 나이가 어린 사람이 나이가 많은 사람의 부탁을 당연히 들어주어야 한다고 우긴다. 오빠는 정말 너무 (㉡)이다.

 ㉠ ☐☐☐   ㉡ ☐☐☐

어휘 관계

3 밑줄 친 낱말과 뜻이 반대인 것은 무엇인가요? ( )

> 성민이와 너는 지금은 단짝이지만 처음 만났을 때에는 정말 어색했다.

① 겸연쩍었다   ② 껄끄러웠다   ③ 서먹했다   ④ 자연스러웠다

83

3일차

사회

고슴도치 딜레마의 극복

1문단 독일의 철학자 쇼펜하우어의 책에는 '고슴도치 *딜레마'라는 표현이 나옵니다. 이 말은 서로 적절한 거리를 유지하는 고슴도치의 행동에서 비롯되었습니다. 날씨가 추워지면 고슴도치들은 추위를 이겨 내기 위해 서로에게 가까이 다가갑니다. 가까워진 고슴도치들은 서로의 가시에 찔려 다시 멀리 떨어집니다. 하지만 곧 고슴도치들은 다시 추위를 느끼게 됩니다. 가까이 다가가지도 멀리 떨어지지도 못하는 딜레마에 빠지게 된 것이지요. 고슴도치들은 서로에게 다가갔다가 멀어지는 경험을 반복하며 마침내 가시에 찔리지 않으면서도 *온기를 느낄 수 있는 적절한 거리를 유지하게 됩니다.

2문단 사람과 사람 사이에도 고슴도치 딜레마가 존재합니다. 사람은 가족, 친구와 같이 다른 사람들과 함께하며 *친밀감을 느끼고 싶어 합니다. 반면에 가깝고 친한 사람에게서 받는 상처나 부담감으로 괴로움을 겪을 때에는 다시 거리를 두고 싶어 합니다. 즉, 사람도 고슴도치의 상황처럼 적당한 거리를 찾아야 하는 딜레마에 빠지게 되는 것이지요.

3문단 친한 친구가 어려운 부탁을 해 올 때를 떠올려 볼까요? 친구의 부탁을 *선뜻 들어 주고 싶다가도, 내가 처할 수 있는 곤란하고 불편한 상황이 떠오르기도 합니다. 이때 우리는 친구와의 친밀감을 지키면서도 곤란한 상황에 처하지 않기 위해 적당한 태도를 취합니다. 고슴도치 딜레마에 빠져 *갈등하는 상황은 친구 사이가 아니더라도 우리 삶에서 언제나 일어날 수 있습니다.

4문단 이를 해결하기 위해 사람은 '예의'를 지킵니다. 고슴도치가 수차례의 경험을 반복하며 적당한 거리를 찾은 것처럼, 사람도 서로 적당한 거리를 유지하기 위해 예의를 지키는 것입니다. 존중과 배려의 마음으로 예의를 지키며 다른 사람과 적당한 거리를 유지한다면, 고슴도치 딜레마를 극복할 수 있을 것입니다.

➡ **낱말풀이**

딜레마 선택해야 할 두 가지 길 중, 그 어느 쪽을 선택해도 바람직하지 못한 결과가 나오게 되는 곤란한 상황.
온기 따뜻한 기운.
친밀감 지내는 사이기 매우 친하고 가까운 느낌.
선뜻 동작이 빠르고 시원스러운 모양.
갈등 개인이나 집단 사이에 목표나 이해관계가 달라 서로 충돌함. 또는 그런 상태.

고슴도치 딜레마의 극복

문단별 핵심 내용

1문단 (　　　　　　　　　　　) 딜레마의 의미

2문단 사람과 (　　　　　　) 사이에도 존재하는 고슴도치 딜레마

3문단 고슴도치 (　　　　　　　　)에 빠진 예

4문단 고슴도치 딜레마를 극복하기 위해 지키는 (　　　　　)

4주

내용 간추리기

고슴도치 딜레마

고슴도치

추위를 이겨 내기 위해 다가갔다가 [　|　]에 찔려 다시 멀리 떨어짐.

↓

경험을 반복하며 온기를 느끼는 [　|　]를 찾아냄.

사람

[　|　|　]을 느끼고 싶어 하다가도 괴로움을 겪을 때에는 거리를 누고 싶어 함.

↓

예의를 통해 적당한 거리를 지키며 고슴도치 딜레마를 [　|　]함.

🖍 한 문장 정리하기

손숭과 배려의 마음으로ㅡㅡㅡㅡㅡㅡㅡㅡㅡㅡㅡㅡㅡ

ㅡㅡㅡㅡㅡㅡㅡㅡㅡㅡㅡㅡㅡㅡㅡㅡㅡㅡㅡㅡ

주제 찾기

1 이 글의 주제로 알맞은 것은 무엇인가요? ( )

① 고슴도치가 겨울을 나는 방법

② 고슴도치와 인간이 함께 어울려 사는 방법

③ 겨울에 따뜻함을 유지하기 위해 노력하는 방법

④ 고슴도치 딜레마의 뜻과 극복 방법

내용 이해

2 다음 중 이 글의 내용으로 바르지 <u>않은</u> 것은 무엇인가요? ( )

① 고슴도치는 더위를 피하기 위해 서로에게 다가간다.

② '고슴도치 딜레마'라는 표현은 고슴도치의 행동에서 비롯되었다.

③ 고슴도치 딜레마에 빠져 갈등하는 상황은 언제나 일어날 수 있다.

④ 사람은 적당한 거리를 유지하기 위해 예의를 지킨다.

내용 추론

3 다음 글을 읽고, 빈 곳에 들어갈 알맞은 말을 쓰세요.

> 추운 겨울날 따뜻하게 피워 놓은 모닥불은 주위를 따뜻하게 해 줍니다. 그러나 모닥불에 너무 가까이 다가가면 위험할 수 있고, 모닥불에서 멀어지면 다시 추위를 느끼게 되지요. 지혜로운 사람은 적당한 거리를 유지하며 모닥불을 쬡니다. 그러나 어리석은 사람은 모닥불에 너무 가까이 다가가 화상을 입거나 너무 멀리 떨어져 감기에 걸리곤 합니다.

✎ 모닥불을 쬘 때 적당한 거리를 유지해야 하는 것처럼, 사람 사이에도 _____

_____

어휘력 완성하기

어휘 이해

1 낱말의 뜻을 읽고, 문장의 빈칸에 들어갈 낱말을 보기 에서 찾아 쓰세요.

보기 갈 선 친 등 밀 뜻 감

① 애착은 가까운 사람에게 강한 ☐☐☐ 을 느끼는 것이다.

➡ **낱말의 뜻** 지내는 사이가 매우 친하고 가까운 느낌.

② 친구 사이에 ☐☐ 이 생기는 일은 흔하다.

➡ **낱말의 뜻** 개인이나 집단 사이에 목표나 이해관계가 달라 서로 충돌함. 또는 그런 상태.

③ 그 친구는 어려운 형편임에도 불구하고 ☐☐ 돈을 빌려주었다.

➡ **낱말의 뜻** 동작이 빠르고 시원스러운 모양.

어휘 적용

2 다음 글을 읽고, 빈칸에 공통으로 들어갈 낱말을 보기 에서 찾아 쓰세요.

보기

온기   온수   예의   자유

• 우리 주변에는 (   )가 담긴 손길을 간절히 기다리는 사람들이 있습니다.
• 선생님의 이야기는 차가운 우리들의 마음에 (   )를 심어 주었습니다.

✏ ☐☐

어휘 관계

3 다음 보기 의 두 낱말의 관계와 비슷한 것은 무엇인가요? (   )

보기
온기 – 냉기

① 갈등 – 다툼   ② 친밀감 – 친근감   ③ 존중 – 배려   ④ 유지 – 중단

4일차

기술

꽃과 드론의 새로운 관계

1문단 우리에게 너무나 잘 알려진 곤충, 꿀벌이 멸종 위기에 처해 있다는 사실을 알고 있나요? 꿀벌은 꽃의 꽃가루를 옮겨 식물이 열매를 맺도록 돕는, 우리에게 매우 이로운 곤충입니다. 꿀벌은 세계 *식량 자원의 대부분을 차지하는 100여 종 식물의 *가루받이를 돕기 때문에, 꿀벌의 멸종은 식량 생산에 큰 위협이 될 수 있습니다. 이러한 이유로 세계 여러 나라에서는 꿀벌의 역할을 대신할 수 있는 드론을 연구하고 있습니다. 그렇다면 드론은 어떻게 꿀벌의 역할을 대신하는 걸까요?

2문단 드론은 꿀벌처럼 꽃가루를 옮길 수 있습니다. 드론은 천적에게 잡아먹힐 염려도 없어 여러 꽃 사이를 자유롭게 오갈 수 있습니다. 또한 꿀벌의 활동이 멈추는 한겨울에도 드론은 이리저리 날아다니며 식물이 열매를 맺는 데 도움을 줄 수 있습니다. 짧은 시간에 쉬지 않고 긴 거리를 이동하는 것도 가능하기 때문에 드론은 꿀벌의 역할을 해내는 데 유리합니다.

3문단 다양한 방법으로 꽃가루를 옮기는 드론 중, 꽃가루를 직접 묻히거나 흡입하여 옮기는 드론이 있습니다. 일본의 한 드론은 몸체 밑바닥에 동물의 털이 붙어 있습니다. 마치 꿀벌이 꽃에 앉아 꿀을 먹을 때 꽃가루를 온몸에 묻히는 것처럼, 이 드론도 꽃가루를 묻힌 다음 꽃들 위를 스치듯 날아다니며 꽃가루를 옮기는 것이지요. 미국의 또 다른 드론은 꽃가루를 흡입하여 옮기기도 합니다. 이 드론은 밑바닥에 있는 작은 구멍으로 꽃가루를 흡입하여 멸종 위기인 꿀벌의 역할을 대신합니다.

4문단 꽃가루를 싣고 다니며 퍼뜨리는 드론도 있습니다. 공중에 뜬 채 꽃가루를 뿌리는 드론은 매우 높은 확률로 가루받이를 성공시킵니다. 드론이 꽃에 직접 닿지 않기 때문에 드론의 날개로부터 꽃을 안전하게 보호할 수 있어 우리나라의 과수원에서도 이용되기 시작했습니다. 일본의 또 다른 드론은 식물 위로 날아다니며 꽃가루가 든 방울들을 뿜어냅니다. 공기 중으로 흩어진 방울들이 꽃에 닿아 터지면 그 안에 있던 꽃가루가 퍼지는 방식이지요.

5문단 꿀벌을 대신할 드론은 꽃의 새로운 단짝이 되어, 식량을 생산하는 비용과 일손을 줄여 줄 것입니다. 현재는 사람이 조종하지만 가까운 미래에는 이동하는 길을 스스로 학습하고 비행하는 드론이 등장하여 꿀벌처럼 날아다니게 될지도 모릅니다.

➡ **낱말 풀이** 식량 지원 사람의 먹을거리가 되는 쌀, 콩 등의 자원.
가루받이 식물에서 수술의 꽃가루가 암술머리에 옮겨 붙는 일.

꽃과 드론의 새로운 관계

문단별 핵심 내용

1문단   멸종 위기에 처한 (　　　　　　)의 역할을 대신할 드론 연구

2문단   꽃가루를 옮기는 역할을 하기에 유리한 (　　　　　)

3문단   드론이 꽃가루를 옮기는 방법 ① 꽃가루를 묻히거나 (　　　　)하여 옮김.

4문단   드론이 꽃가루를 옮기는 방법 ② (　　　　　　　　)를 싣고 다니며 퍼뜨림.

5문단   꿀벌을 대신하여 (　　　)의 새로운 단짝이 될 드론

4주

내용 간추리기

> |　　　　|의 역할을 대신하는 드론

꽃가루를
묻히거나 흡입하여
옮기는 드론
—
- 몸체 밑바닥에 붙은 동물의 |　　|을 활용해 꽃가루를 묻혀 옮김.
- 밑바닥에 있는 |　　　|을 통해 꽃가루를 흡입하여 옮김.

꽃가루를
싣고 다니며
퍼뜨리는 드론
—
- |　　　|에 뜬 채 꽃에 직접 꽃가루를 뿌림.
- |　　　|들을 뿜어내 꽃가루를 퍼뜨림.

✏️ 한 문장 정리하기

다양한 방법으로 _____

_____

문해력 완성하기

정답과 해설 | 116쪽

주제 찾기

1 이 글의 주제로 알맞은 것은 무엇인가요? ( )

① 꿀벌의 역할을 대신하는 드론
② 드론을 사용할 때 주의할 점
③ 꿀벌의 멸종을 막는 방법
④ 꽃가루를 옮기는 방법

내용 이해

2 이 글의 내용을 바르게 이해하지 <u>못한</u> 사람은 누구인가요? ( )

① 강휘: 꽃들 사이로 날아다니는 드론의 모습이 상상돼.
② 연후: 방울을 뿜어내서 꽃가루를 퍼뜨리는 드론이 정말 신기해.
③ 다온: 꿀벌의 수가 점점 줄어들고 있다니 안타까워.
④ 노아: 꽃가루를 공중에서 뿌리는 방법은 가루받이를 성공시킬 확률이 낮아.

내용 적용

3 다음 글을 읽고, 빈 곳에 들어갈 알맞은 말을 쓰세요.

> 배나무마다 꽃이 활짝 피었습니다. 농가에서는 이때가 가장 바쁜데요. 과일이 잘 열릴 수 있
> 도록 사람이 직접 꽃가루를 옮겨 주어야 하기 때문입니다. 배꽃은 활짝 피고 나서 3~4일 이내
> 에 가루받이를 마쳐야 하는데, 일손이 늘 부족합니다. 그런데 올해부터 과수원의 풍경이 크게
> 달라졌습니다. 배나무 밭 위로 드론 한 대가 날아다닙니다. 꽃가루를 직접 싣고 날아오른 이
> 드론은, 꽃 위를 넘며 _____. 16명의 사람이 하루 8시간을 꼬박 해야 하
> 는 일을 드론 한 대가 10분 만에 해결합니다.

어휘 이해

1 밑줄 친 낱말의 뜻으로 알맞은 것을 찾아 줄로 이으세요.

❶ 꿀벌은 꽃의 <u>가루받이</u>를 돕는다. • • ㉠ 일정한 방법이나 형식.

❷ 곤충이 미래의 <u>식량</u> 자원으로 주목받고 있다. • • ㉡ 사람의 먹을거리가 되는 쌀, 콩 등의 자원.

❸ 다양한 <u>방식</u>으로 문제를 해결할 수 있다. • • ㉢ 식물에서 수술의 꽃가루가 암술머리에 옮겨 붙는 일.

어휘 적용

2 다음 글을 읽고, 빈칸에 공통으로 들어갈 낱말을 보기 에서 찾아 쓰세요.

보기

천적   생산   자원   비행

• 철새들이 바다를 건너는 기나긴 (   )을 시작했다.
• 인천에서 뉴욕으로 가는 13시간의 (   )은 너무 지루했다.

어휘 관계

3 밑줄 친 낱말과 뜻이 반대인 것은 무엇인가요?   (   )

꿀벌의 멸종은 식량 <u>생산</u>에 큰 위협이 될 수 있다.

① 제작   ② 소비   ③ 방식   ④ 흡입

5일차

과학

벌이 사라지면 동물이 멸종한다고?

1문단 2019년 런던 왕립지리학회가 선언한 '살아 있는 가장 중요한 생명체', 그리고 유엔(UN)이 정한 5월 20일 기념일의 주인공은 누구일까요? 바로 지구상에서 가장 열심히 일하는 '꿀벌'입니다. 꿀벌은 꿀을 *제공하는 평범한 곤충인 듯 보입니다. 하지만 '지구 생태계의 *대들보'라는 별명이 있을 정도로 생태계에서 중요한 역할을 합니다.

2문단 하지만 그 중요성이 *무색해질 정도로 최근 꿀벌의 수가 빠르게 감소하고 있는데, 이러한 현상이 나타나는 이유는 바로 기후 변화 때문입니다. 온도 변화에 민감한 꿀벌은 보통 21℃가 넘어야 활발히 활동합니다. 온도가 급격하게 낮아지거나 높아질 경우 꿀벌의 활동은 줄어들지요. 기후 변화로 집중 호우가 잦아지고 온도 변화가 심한 날들이 많아지자, 이에 적응하지 못한 꿀벌들이 늘어났습니다. 그리고 이것은 꿀벌 수의 감소로 이어졌습니다.

3문단 꿀벌이 감소하는 또 다른 원인은 살충제의 사용입니다. 살충제에는 특정한 성분이 들어 있어서 꿀벌의 기억을 빼앗거나, 위치를 이해하는 능력을 떨어뜨립니다. 또한 사회성을 떨어뜨려 다른 벌들과 함께 지내기 어렵게 하고, 벌집에 있는 애벌레를 돌보는 일을 소홀하게 만들지요. 꿀벌들의 이러한 변화는 보살핌을 받는 애벌레와 여왕벌에도 영향을 미치게 되고, 결국 번식량도 줄어들게 됩니다.

4문단 2035년이 되면 지구상에서 꿀벌이 사라질 수도 있다는 경고가 나올 만큼, 전 세계의 꿀벌 감소는 심각한 상황입니다. 지구 생태계의 대들보인 꿀벌의 수가 감소하면 어떤 일이 발생할까요? 먼저 달콤한 꿀은 물론 아몬드, 사과, 자두, 체리 등의 과일들을 얻기 어려워집니다. 꿀벌의 도움으로 꽃가루를 옮겨 번식할 수 있었던 식물이 멸종 위기에 놓이게 되는 것이지요. 식물을 먹이로 삼는 초식 동물도 멸종할 수 있고, 육식 동물과 사람도 *도미노처럼 영향을 받게 됩니다. 이처럼 꿀벌은 단순히 사람에게 먹거리를 제공하는 관계를 넘어서, 생태계 전반에 걸쳐 *연쇄적인 관계를 맺고 있는 중요한 존재입니다.

📖 **낱말풀이**
제공 무엇을 내주거나 갖다 바침.
대들보 한 나라나 집안의 운명을 지고 나갈 만큼 중요한 존재를 비유적으로 이르는 말.
무색하다 본래의 특징을 드러내지 못하고 보잘것없다.
도미노 도미노 패가 연이어 넘어지듯이 어떤 현상의 영향이 다른 데로 미치는 일.
연쇄적 서로 연결되어 관련이 있는.

벌이 사라지면 동물이 멸종한다고?

문단별 핵심 내용

1문단	지구 생태계의 (　　　　　　　　), 꿀벌
2문단	꿀벌이 감소하는 이유 ① (　　　　　　　　　　　)의 영향
3문단	꿀벌이 감소하는 이유 ② (　　　　　　　)의 사용
4문단	생태계 전반에 걸쳐 (　　　　)적인 관계를 맺고 있는 꿀벌

4주

내용 간추리기

꿀벌의 [　|　]로 발생하는 일들

꿀벌의 도움을 받던 [　|　]이 멸종 위기에 놓임.

↓

식물을 먹이로 삼는 [　|　] 동물이 멸종할 수 있음.

↓

육식 동 물과 사림도 [　|　|　] 처럼 영향을 받음.

한 문장 정리하기

꿀벌은 _____

_____

문해력 완성하기

주제 찾기

1 이 글의 주제로 알맞은 것은 무엇인가요?　　　　　　　　　　　　　　(　　　　)

① 꿀벌이 꽃가루를 퍼뜨리는 법

② 생태계 보호를 위한 노력

③ 꿀벌의 수가 줄어드는 이유

④ 꿀벌 수 감소와 생태계와의 관계

내용 이해

2 이 글의 내용을 바르게 말한 친구에게는 ○표, 틀리게 말한 친구에게는 X표 하세요.

민형	생태계 보호를 위해서라도 꿀벌의 수가 줄어드는 것을 막아야 해.	(　　)	
지웅	살충제의 성분 때문에 꿀벌의 사회성은 높아질 거야.	(　　)	
선미	꿀벌이 생태계에 많은 영향을 주고 있었구나.	(　　)	
승모	기후 변화가 꿀벌 수의 감소에 많은 영향을 주고 있구나.	(　　)	

내용 적용

3 다음 대화를 읽고, 빈 곳에 들어갈 알맞은 말을 쓰세요.

> **베네딕토:** 다니엘, 토마토를 맺기 위한 노란색 꽃의 비밀 전략을 알아?
>
> **다니엘:** 식물이 도대체 무슨 전략을 가지고 있다는 거야?
>
> **베네딕토:** 노란색 꽃은 토마토를 맺기 위해 벌을 통해서 가루받이를 하는데, 그 원리가 벌이 날갯짓을 할 때 발생하는 *주파수에 맞춰서 꽃가루가 나온다는 거야.
>
> **다니엘:** 그럼 벌이 없으면 토마토가 열리지 못하고, 벌의 도움을 받는 다른 식물도 같은 상황에 처하겠네?
>
> **베네딕토:** 맞아, 꿀벌은 생태계 전반에 걸쳐 ＿＿＿＿＿＿＿＿＿＿＿＿＿＿＿＿.
>
> *주파수 전파나 음파가 1초 동안에 진동하는 횟수.

어휘 이해

1 밑줄 친 낱말의 뜻으로 알맞은 것을 찾아 줄로 이으세요.

① 수많은 일들이 <u>연쇄적</u>으로 일어 났다.　·

·㉠ 무엇을 내주거나 갖다 바침.

② 그의 설명은 사건을 해결하는 데 중요한 실마리를 <u>제공</u>했다.　·

·㉡ 서로 연결되어 관련이 있는 것.

③ 습기가 높은 곳에서는 세균이 <u>번식</u>하기 쉽다.　·

·㉢ 생물이 자기 자손을 낳아 유지하고 늘리는 현상.

어휘 적용

2 다음 대화의 빈칸에 들어갈 알맞은 낱말은 무엇인가요?　　　(　　　　)

> **희진**: 혜원아, 넌 셰익스피어의 이야기 중 어떤 것을 가장 좋아하니?
> **혜원**: 난 로미오와 줄리엣 이야기를 가장 흥미롭게 읽었어. 사랑하는 두 사람이 안타깝게 목숨을 잃은 것이 참 가슴 아팠어.
> **희진**: 맞아, 로미오와 줄리엣의 집안이 서로 미워하는 (　　　　)만 아니었더라도, 둘은 죽지 않고 행복하게 살지 않았을까?
> **혜원**: 결말에 양쪽 집안이 화해하게 되어 다행이긴 한데, 이씨 보면 두 집안 모두 소중한 자녀를 잃었으니 소 잃고 외양간 고치기가 아닐까?

① 관계　　　　　② 오해　　　　　③ 소문　　　　　④ 증거

어휘 관계

3 밑줄 친 낱말과 뜻이 반대인 것은 무엇인가요?　　　(　　　　)

> 지흡신. 고령화부 인해 인구 <u>감소</u>기 심각해지자, '인구 실벽'이라는 표현까지 등장했다.

① 위기　　　　　② 증가　　　　　③ 이하　　　　　④ 진화

구더기와 인간의 관계

파리를 좋아하는 사람은 별로 없습니다. 많은 파리가 인간에게 질병을 일으키는 세균을 옮기고 다니기 때문입니다. 그래서 파리의 *유충인 구더기도 인간에게 해로운 벌레로 여겨집니다. 대부분 동물의 썩은 시체나 상한 음식에서 발견되기 때문에 구더기에 대한 이미지는 더욱 좋지 않습니다. 그런데 구더기는 정말 해롭기만 한 존재일까요?

일찍이 프랑스의 곤충학자인 파브르는 구더기의 필요성을 설명한 바 있습니다. 구더기가 동물의 시체를 *분해하고 그 과정에서 나온 *양분을 흙이 흡수하도록 돕는다는 것입니다. 그래서 구더기는 동물의 시체 처리와 농사에 도움을 줄 수 있습니다. 구더기는 의료용으로 쓰이기도 합니다. 일부 구더기는 화상 환자의 피부가 세균에 감염되었을 때 감염 부위를 치료하는 데에 쓰이지요. 또 *법의학에서도 구더기는 유용한 증거로 쓰입니다. 시체가 *부패하여 언제 사망했는지 알아내기 어려운 경우, 시체에 있는 구더기들의 모습을 바탕으로 사망 시간을 알아낼 수 있습니다. 이처럼 구더기는 인간에게 해를 끼치기도 하지만 도움을 주기도 합니다.

*유충 알에서 나온 후 아직 다 자라지 아니한 벌레.
*분해 여러 부분이 결합되어 이루어진 것을 그 낱낱으로 나눔.
*양분 영양이 되는 성분.
*법의학 의학을 기초로 하여 법률적으로 중요한 사실을 연구하고 해석하며 감정하는 학문.
*부패 단백질이나 지방 따위의 유기물이 눈으로 볼 수 없는 작은 생물의 작용으로 분해되는 과정.

Q. 구더기의 필요성을 알린 프랑스의 곤충학자는 누구인가요?

초등 문해력

한 문장 정리의 힘

예술 | 인문 | 사회 | 기술 | 융합 | 과학

정답과 해설

실전편 3권

초등 **4~5**학년

1 일차

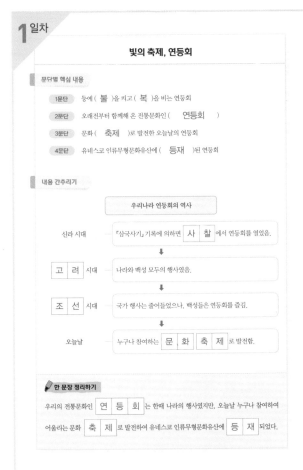

빛의 축제, 연등회

문단별 핵심 내용

1문단 등에 (불)을 키고 (복)을 비는 연등회

2문단 오래전부터 함께해 온 전통문화인 (연등회)

3문단 문화 (축제)로 발전한 오늘날의 연등회

4문단 유네스코 인류무형문화유산에 (등재)된 연등회

내용 간추리기

우리나라 연등회의 역사

신라 시대 ── 「삼국사기」 기록에 의하면 사 찰 에서 연등회를 열었음.

고 려 시대 ── 나라와 백성 모두의 행사였음.

조 선 시대 ── 국가 행사는 줄어들었으나, 백성들은 연등회를 즐김.

오늘날 ── 누구나 참여하는 문 화 축 제 로 발전함.

한 문장 정리하기

우리의 전통문화인 연 등 회 는 한때 나라의 행사였지만, 오늘날 누구나 참여하여 어울리는 문화 축 제 로 발전하여 유네스코 인류무형문화유산에 등 재 되었다.

● 전체 핵심
이 글은 우리 민족과 함께해 온 전통문화인 연등회에 대해 주로 다루고 있으므로, 이 글의 전체 핵심은 '연등회'입니다.

● 전체 중심 문장
이 글의 전체 중심 문장은 4문단의 마지막 문장입니다. 1~3 문단은 시대에 따라 변화한 연등회를 설명하며 전체 중심 문장을 뒷받침하고 있습니다.

● 내용 간추리기
우리나라 연등회의 역사를 정리한 표입니다. 신라 시대부 터 오늘날까지의 연등회의 내용을 파악하여 빈칸에 정리 하면 됩니다. 2문단에서 '사찰'에서 연등회를 열었다고 하 였으며, '고려' 시대에는 연등회가 나라의 큰 행사였고 백 성들도 함께 연등회를 즐겼다고 하였습니다. '조선' 시대에 는 국가 행사로서의 연등회는 줄어들었으나, 백성들은 여 전히 연등회를 즐겼다고 하였습니다. 또한, 3문단에서 오 늘날 연등회는 누구나 참여하는 '문화 축제'로 발전했다는 내용이 제시되어 있습니다.

● 한 문장 정리하기
과거부터 오늘날까지 연등회의 변화해 본 모습을 한 문장 으로 정리할 수 있습니다. 빈칸에는 순서대로 '연등회', '축 제', '등재'가 들어가야 합니다.

문해력 완성하기

정답

1 ②

2 ③

3 포용성

도움말

1 이 글은 신라, 고려, 조선, 오늘날 연등회를 주로 다루 고 있습니다. 따라서 이 글의 주제는 '연등회의 역사'입 니다.

2 국가 행사로서의 연등회가 줄어들었다는 내용은 고려 시대가 아닌, 조선 시대에 해당하는 내용입니다.

3 제시된 글의 두 번째 문장에서 연등회는 포용성을 지 녔다는 평을 받았다는 내용이 제시되어 있으며, 빈칸 다음 부분에는 종교, 나이, 인종을 뛰어넘는다는 내용 이 제시되어 있습니다. 따라서 빈칸에 들어갈 알맞은 낱말은 '포용성'입니다.

어휘력 완성하기

정답

1 ❶ 등재 ❷ 초월 ❸ 발전

2 ❶ ㉡ ❷ ㉠ ❸ ㉢

3 ③

도움말

1 '어떤 내용을 일정한 형식으로 기록하는 책이나 문서 에 올림'을 뜻하는 낱말은 '등재', '어떠한 한계나 표준 을 뛰어넘음'을 뜻하는 낱말은 '초월', '더 낫고 좋은 상 태나 더 높은 단계로 나아감'을 뜻하는 낱말은 '발전'입 니다.

2 ❶의 빈칸에는 '사물의 가치나 수준 따위를 평함. 또는 그 가치나 수준'을 뜻하는 '평가', ❷의 빈칸에는 '사물 이 어떠한 기준에 의하여 구분되는 한계'를 뜻하는 '경 계', ❸의 빈칸에는 '줄을 지어 앞으로 나아감'을 뜻하 는 '행진'이 들어가야 합니다.

3 제시된 문장의 '포용'은 '남을 너그럽게 감싸 주거나 받 아들임'을 뜻하는 낱말입니다. 따라서 '따돌리거나 거 부하여 밀어 내침'을 뜻하는 '배척'이 '포용'과 반대되는 낱말입니다.

2일차

파란 피를 가진 투구게

문단별 핵심 내용

1문단 (**파란색**)의 피를 가진 투구게

2문단 인간에게 없어서는 안 될 물질이 된 투구게의 (**피**)

3문단 피 때문에 (**멸종**) 위기에 처한 투구게

4문단 (**투구게**)의 멸종을 막기 위한 노력

내용 간추리기

투구게의 파란색 피

투구게의 피를 활용하는 인간 ➡ 피해를 입게 된 투구게

의약품이나 백신의 **오 염** 여부를 알아보는 데 쓰임.

피를 뽑히다가 많은 투구게가 죽어 **멸 종 위 기** 에 처함.

⬇

투구게의 멸종을 막기 위한 노력

• 투구게의 **피** 를 대체할 물질 개발

• 투구게 **양 식** 성공

한 문장 정리하기

투 구 게 이 파란색 피는 인간에게 빛과 같은 물질이지만, 그로 인해 투구게는 **멸 종** 위기에 처했고, 이러한 투구게를 **보 호** 하기 위해 여러 노력이 이루어지고 있다.

● 전체 핵심

이 글은 투구게가 멸종 위기에 처한 이유를 주로 다루고 있습니다. 따라서 이 글의 전체 핵심은 '투구게의 피'입니다.

● 전체 중심 문장

이 글의 전체 중심 문장은 3문단의 첫 번째 문장입니다. 1문단은 파란색의 피를 가진 투구게, 2문단은 인간에게 없어서는 안 될 물질이 된 투구게의 피, 3문단은 피 때문에 멸종 위기에 처한 투구게, 4문단은 투구게의 멸종을 막기 위한 노력을 다루고 있습니다.

● 내용 간추리기

투구게의 파란색 피에 대한 내용과 투구게의 멸종을 막기 위한 노력으로 내용을 정리할 수 있습니다. 2문단에서 투구게의 피는 백신의 '오염' 여부를 알아보는 데 쓰인다고 하였고, 3문단에서 투구게에게 '멸종 위기'의 그림자가 드리워졌다고 하였습니다. 또한, 4문단에서 투구게를 보호하기 위해 투구게의 '피'를 대체할 물질을 개발하고 있으며, 최근에는 투구게 '양식'도 성공하였다고 하였습니다.

● 한 문장 정리하기

2~4문단의 내용을 바탕으로 하여 한 문장으로 정리할 수 있습니다. 따라서 빈칸에는 순서대로 '투구게', '멸종', '보호'가 들어가야 합니다.

문해력 완성하기

정답

1 ④

2 ②

3 투구게의 피

도움말

1 이 글은 인간에게 없어서는 안 될 물질이 된 투구게의 피 때문에 멸종 위기에 처한 투구게와 투구게를 보호하기 위한 사람들의 노력을 다루고 있습니다. 따라서 이 글의 제목을 다시 붙일 때 가장 알맞은 제목은 ④입니다.

2 ① 투구게는 게보다 거미나 진드기, 전갈에 가깝다고 1문단에 제시되어 있습니다. ③ 투구게의 피에 헤모시아닌이라는 성분이 들어 있다는 내용 역시 1문단에 제시되어 있습니다. ④ 투구게의 피를 뽑을 때 투구게 열 마리 중 한 마리가 죽고, 나머지 아홉 마리 중 세 마리가 자연으로 돌아가 죽는다는 내용이 3문단에 제시되어 있습니다.

3 제시된 글과 4문단의 내용을 참고하였을 때, 투구게의 멸종을 막기 위해 투구게의 피를 대체할 수 있는 물질이 개발되고 있음을 알 수 있습니다. 따라서 빈칸에 들어갈 알맞은 말은 '투구게의 피'입니다.

어휘력 완성하기

정답

1 ❶ ㉡ ❷ ㉠ ❸ ㉢

2 ②

3 ③

도움말

1 '백신'은 '전염병에 걸리지 않도록 전염병의 균이나 독이 있는 물질을 이용하여 만든 약품'을 뜻하며, '양식'은 '물고기나 해조, 버섯 따위를 사람의 힘으로 길러서 많이 퍼지게 함'을 뜻합니다. '대체'는 '다른 것으로 대신함'을 뜻합니다.

2 우유가 어떤 영양소로 구성되어 있는지를 보여 주고 있으므로 정답은 '성분'입니다

3 '급격한'의 기본형인 '급격하다'는 '경사가 매우 심하고 가파르다'는 뜻이므로, 이와 거리가 먼 낱말은 '경사가 급하지 않다'는 뜻의 '완만한(완만하다)'입니다.

3일차

전염병의 빛과 그림자

문단별 핵심 내용

1문단 (유럽)을 초토화시킨 흑사병의 긍정적인 결과

2문단 많은 사망자를 낸 (스페인 독감)의 긍정적인 영향

3문단 큰 (피해)를 남긴 코로나19의 긍정적인 영향

4문단 (전염병)에 공존하는 빛과 그림자

내용 간추리기

전염병	부정적인 영향	긍정적인 영향
흑 사 병	엄청난 수의 사람이 목 숨 을 잃음.	• 농기계의 개발 • 농업의 발달
스페인 독감	5천만 명의 사망자가 발생함.	• 공 중 보 건 의 중요성을 깨달음. • 의료 발달로 이어짐.
코로나19	• 사람들의 생명을 앗아감. • 부 작 용 을 남김. • 경제적인 피해를 입힘.	• 대기 오 염 이 감소함. • 쓰레기의 양이 줄어듦.

한 문장 정리하기

전 염 병 은 사람들에게 큰 피 해 를 남기지만 우리가 미처 생각하지 못한

긍 정 적 인 영향을 가져오기도 한다.

● **전체 핵심**

이 글은 흑사병, 스페인 독감, 코로나19를 예로 들어 전염병으로 인한 부정적인 면과 긍정적인 면을 이야기하고 있습니다. 따라서 이 글의 전체 핵심은 '전염병'입니다.

● **전체 중심 문장**

이 글의 전체 중심 문장은 1~3문단의 내용을 아우르는 4문단의 마지막 문장입니다. 1~3문단에서는 각각 흑사병, 스페인 독감, 코로나19의 부정적인 면과 긍정적인 면을 서술하여 전체 중심 문장을 뒷받침하고 있습니다.

● **내용 간추리기**

1문단에서 '흑사병'이 유럽 인구의 1/3에 해당하는 '목숨'을 앗아갔다고 하였습니다. 2문단에서 사람들은 스페인 독감을 겪으며 '공중 보건'의 중요성을 깨달았다고 하였습니다. 3문단에서 코로나19는 사람들에게 '부작용'을 남겼지만, 대기 '오염'이 감소하는 긍정적인 영향을 끼쳤다고 하였습니다.

● **한 문장 정리하기**

전염병의 부정적인 면과 긍정적인 면을 파악하는 것이 핵심입니다. 따라서 빈칸 순서대로 '전염병', '피해', '긍정적'이 들어가야 합니다.

문해력 완성하기

정답

1 ③

2 ③

3 긍정적인 영향

도움말

1 이 글의 주제는 전염병일지라도 그림자와 빛처럼 부정적인 영향과 긍정적인 영향이 있다는 것이므로, 가장 알맞은 주제는 ③입니다.

2 3문단에서 코로나19로 인하여 대기 오염이 줄어들었다는 내용이 제시되어 있으므로, 대기 오염이 심각해졌다는 내용은 글의 내용과 맞지 않습니다.

3 제시된 글은 코로나19가 환경에 긍정적인 영향을 미쳤다는 내용을 담고 있습니다. 그러므로 빈칸에 들어갈 알맞은 말은 '긍정적인 영향'입니다.

어휘력 완성하기

정답

1 ❶ ㉴ ❷ ㉠ ❸ ㉳

2 전파

3 ①

도움말

1 '어떤 일에 따라 생기는 좋지 못한 일'을 뜻하는 낱말은 '부작용'입니다. '전하여 멀리 퍼뜨림'을 뜻하는 낱말은 '전파'입니다. '불에 탄 것처럼 거칠어지고 못 쓰게 된 상태를 비유적으로 이르는 말'을 뜻하는 낱말은 '초토화'입니다.

2 제시된 두 문장에는 '전파'가 들어가 '전염병의 전파 속도가 빠르다', '대중문화는 대중 매체를 통해 사람들에게 전파되는 문화를 말한다'와 같은 내용으로 완성할 수 있습니다.

3 〈보기〉에 제시된 '독감'은 '전염병'에 포함되는 낱말입니다. ①의 '대기 오염'은 '오염'에 포함되는 낱말이므로, 〈보기〉의 두 낱말의 관계와 비슷한 관계로 볼 수 있습니다.

4일차

빛을 둘러싼 두 발명가의 전쟁

문단별 핵심 내용

1문단 특권층만 누릴 수 있었던 (에디슨)의 직류 전기

2문단 많은 사람이 전기의 편리함을 누릴 수 있었던 (테슬라)의 교류 전기

3문단 에디슨과 테슬라 사이에 일어난 (빛)의 전쟁

4문단 빛의 전쟁에서 승리한 테슬라의 (교류) 전기

내용 간추리기

전기 공급 방식

에디슨의 직류 전기

• 전 압 이 낮아 비교적 안전하다고 알려짐.
• 먼 곳으로 전기를 보낼 때 많은 양 의 전기가 손 실 됨.

↓

특권층만 누릴 수 있음.

테슬라의 교류 전기

• 먼 곳 까지 전기를 보내는 것이 가능함.
• 발 전 소 없이 싸고 많은 양의 전 기 를 보낼 수 있음.

↓

많은 사람이 누릴 수 있음.

한 문장 정리하기

19세기 에디슨의 직 류 전기 공급 방식과 테슬라의 교 류 전기 공급 방식이 경쟁하였으며, 오늘날 세계 대부분의 가정에는 교류 전기가 공 급 되고 있다.

● 전체 핵심

이 글은 두 가지 전기 공급 방식 간의 경쟁을 주로 다루고 있으므로, 이 글의 전체 핵심은 '직류 전기'와 '교류 전기'입니다.

● 전체 중심 문장

이 글의 전체 중심 문장은 3문단의 첫 번째 문장입니다. 1문단에서는 에디슨의 직류 전기를, 2문단에서는 테슬라의 교류 전기를 다루고 있습니다. 또한, 3문단에서는 두 가지 전기 공급 방식을 두고 벌이진 빛의 전쟁에 대해 설명하고, 4문단에서는 빛의 전쟁에서 승리한 테슬라의 교류 전기를 제시하고 있습니다.

● 내용 간추리기

1문단에서 에디슨의 직류 전기 공급 방식은 '전압'이 낮아 안전하다고 알려졌지만, 먼 곳으로 전기를 보내려면 많은 '양'의 전기가 '손실'되는 문제점이 있다고 하였습니다. 2문단에서 테슬라의 교류 전기 공급 방식은 '먼 곳'까지 전기를 보내는 것이 가능하고, '발전소'를 짓지 않고도 더 싸게 많은 양의 '전기'를 공급할 수 있다고 하였습니다.

● 한 문장 정리하기

에디슨과 테슬라가 서로 다른 전기 공급 방식을 두고 경쟁했다는 내용을 파악하는 것이 핵심입니다. 따라서 빈칸 순서대로 '직류', '교류', '공급'이 들어가야 합니다.

문해력 완성하기

정답

1 ①

2 ②

3 직류

도움말

1 이 글은 두 가지 전기 공급 방식 사이의 경쟁을 주로 다루고 있으므로, '두 발명가의 전기 공급 방식 경쟁'이 주제로 가장 알맞습니다.

2 4문단에서 오늘날 대부분의 가정에는 교류 전기가 공급되고 있다고 하였으므로, 이 글의 내용을 바르게 이해하지 못한 사람은 동섭입니다.

3 제시된 최근 과학 기술의 발전으로 에디슨의 직류 전기를 먼 곳까지 보내는 것이 가능해졌다는 내용을 담고 있습니다. 따라서 빈칸에 들어갈 알맞은 낱말은 '직류'로 추론할 수 있습니다.

어휘력 완성하기

정답

1 ❶ 손실 ❷ 공급 ❸ 획기적

2 실험

3 ①

도움말

1 '잃어버리거나 모자라서 손해를 봄. 또는 그 손해'를 뜻하는 낱말은 '손실'이며, '요구나 필요에 따라 어떤 것을 제공함'을 뜻하는 낱말은 '공급'입니다. '어떤 과정이나 분야에서 전혀 새로운 시기를 열어 놓을 만큼 뚜렷이 구분되는 것'을 뜻하는 낱말은 '획기적'입니다.

2 제시된 두 문장의 빈칸에는 '실험'이라는 낱말을 넣어 '열의 이동을 알아보는 실험은 흥미로웠다', '자동차의 안전성에 대한 철저한 실험 과정을 거쳤다'라는 내용으로 완성할 수 있습니다.

3 제시된 문장의 '획기적'은 '어떤 과정이나 분야에서 전혀 새로운 시기를 열어 놓을 만큼 뚜렷이 구분되는 것'을 뜻하는 낱말로, '새로운'과 비슷한 뜻입니다.

5일차

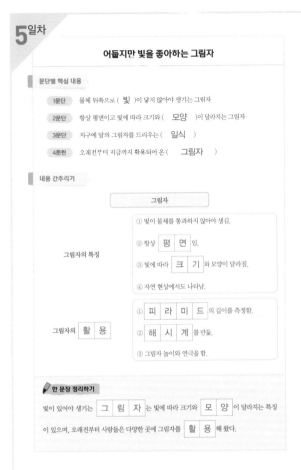

어둡지만 빛을 좋아하는 그림자

문단별 핵심 내용

[1문단] 물체 뒤쪽으로 (빛)이 닿지 않아야 생기는 그림자

[2문단] 항상 평면이고 빛에 따라 크기와 (모양)이 달라지는 그림자

[3문단] 지구에 달의 그림자를 드리우는 (일식)

[4문단] 오래전부터 지금까지 활용되어 온 (그림자)

내용 간추리기

그림자

그림자의 특징
① 빛이 물체를 통과하지 않아야 생김.
② 항상 평 면 임.
③ 빛에 따라 크 기 와 모양이 달라짐.
④ 자연 현상에서도 나타남.

그림자의 활 용
① 피 라 미 드 의 길이를 측정함.
② 해 시 계 를 만듦.
③ 그림자 놀이와 연극을 함.

한 문장 정리하기

빛이 있어야 생기는 그 림 자 는 빛에 따라 크기와 모 양 이 달라지는 특징

이 있으며, 오래전부터 사람들은 다양한 곳에 그림자를 활 용 해 왔다.

● 전체 핵심

이 글은 그림자의 특징과 활용을 주로 다루고 있으므로, 이 글의 전체 핵심은 '그림자'입니다.

● 전체 중심 문장

이 글의 전체 중심 문장은 1문단의 세 번째 문장입니다. 1 문단은 그림자가 생기는 원리를, 2문단은 그림자의 특징을, 3문단은 지구에 달의 그림자를 드리우는 일식을, 4문단은 오래전부터 활용되어 온 그림자에 대한 내용을 다루고 있습니다.

● 내용 간추리기

이 글은 크게 그림자의 특징과 '활용'으로 나누어 정리할 수 있습니다. 2문단에서 그림자는 항상 '평면'이며, 빛에 따라 '크기'와 모양이 달라진다고 하였습니다. 4문단에서 그림자의 길이를 이용해 '피라미드'의 길이를 측정했다고 하였으며, 그림자가 가리키는 눈금에 따라 시각을 알 수 있는 '해시계'를 만들었다고 하였습니다.

● 한 문장 정리하기

그림자의 특징과 활용에 대한 내용을 한 문장으로 정리할 수 있습니다. 따라서 빈칸 순서대로 '그림자', '모양', '활용'이 들어가야 합니다.

문해력 완성하기

정답

1 ③

2 ①

3 ㉠ 거리 ㉡ 모양

도움말

1 이 글은 그림자가 생기는 원리와 그림자의 특징에 대해 주로 이야기하고 있으므로, 이 글의 알맞은 주제는 '그림자가 생기는 원리와 특징'입니다.

2 2문단 첫 번째 문장에서 같은 물체라도 경우에 따라 그림자의 크기와 모양이 달라진다는 특징이 있다고 하였습니다. 따라서 물체의 크기가 같으면 그림자의 크기가 항상 같다는 현정의 말은 틀렸습니다.

3 제시된 글에서 샐리가 그림자의 크기가 바뀌는 이유를 궁금해하고, 주디는 이에 대한 답을 하고 있습니다. 2문단 내용을 바탕으로 ㉠에는 '거리', ㉡에는 '모양'이 들어가야 합니다.

어휘력 완성하기

정답

1 ❶ 테두리 ❷ 평면 ❸ 통과

2 ④

3 ③

도움말

1 '둘레의 가장자리'를 뜻하는 낱말은 '테두리', '평평한 표면'을 뜻하는 낱말은 '평면', '어떤 곳이나 때를 거쳐서 지나감'을 뜻하는 낱말은 '통과'입니다.

2 제시된 두 문장에는 '충분히 잘 이용함'을 뜻하는 '활용'을 넣어 '음식물 쓰레기는 동물들의 사료로 활용되고 있습니다', '성공하고 싶다면 자투리 시간을 활용하는 습관을 길러야 합니다'라는 내용의 문장으로 완성할 수 있습니다.

3 제시된 문장의 '닿는'의 기본형은 '닿다'입니다. '닿다'의 뜻은 '어떤 곳에 이르다'이므로, '있던 곳에서 다른 곳으로 옮기다'라는 뜻을 가진 '떠나는(떠나다)'은 '날나'와 비슷하지 않은 낱말입니다.

📖 32~35쪽

1 일차

공포 영화를 볼 때 몸에서 일어나는 변화

문단별 핵심 내용

1문단 (공포 영화)를 볼 때 우리 몸에서 일어나는 변화

2문단 공포 영화를 볼 때 우리 몸의 변화 ①(서늘함)을 느낌.

3문단 공포 영화를 볼 때 우리 몸의 변화 ②(소름)이 돋음.

4문단 공포 영화를 볼 때 우리 몸의 변화 ③(심장) 박동이 증가함.

5문단 공포 영화를 볼 때 몸의 (변화)는 편도체의 신호로 일어남.

내용 간추리기

공포 영화를 볼 때 우리 몸의 변화
- 땀이 남. ➡ 몸의 열기를 내보냄. ➡ 서늘함 을 느낌.
- 피부 근육이 오그라듦. ➡ 털 이 서고 소름이 돋음.
- 심장 박동 증가 ➡ 혈액 순환이 빨라짐.

공포 영화를 볼 때 몸의 변화가 생기는 이유
- 편도체 가 우리 몸이 대응할 수 있도록 신호를 보냄.

✏️ 한 문장 정리하기

공포 영화 를 볼 때 우리 몸에서 일어나는 변화 는 뇌 속의 편도체가 우리 몸에 위험에 대비하라는 신호 를 보내 일어나는 것이다.

● 전체 핵심

이 글은 공포 영화를 볼 때 우리 몸에서 일어나는 변화들에 대해 다루고 있습니다. 따라서 이 글의 전체 핵심은 '공포 영화', '몸의 변화'입니다.

● 전체 중심 문장

이 글의 전체 중심 문장은 5문단의 첫 번째 문장입니다. 2~4문단에서는 공포 영화를 볼 때 일어나는 우리 몸의 변화를 제시하고, 5문단에서 이러한 변화는 뇌 속의 편도체로 인해 일어나는 것임을 언급하고 있습니다.

● 내용 간추리기

이 글의 내용은 공포 영화를 볼 때 우리 몸의 변화와 몸의 변화가 생기는 이유로 나누어 간단한 표로 정리할 수 있습니다. 2~4문단에 걸쳐 공포 영화를 볼 때 땀이 식으며 '서늘함'을 느끼고, '털'을 잡아당기는 근육으로 인해 소름이 돋으며, '심장' 박동이 증가한다고 하였습니다. 5문단에서 공포 영화를 볼 때 몸의 변화가 생기는 것은 뇌 속 '편도체'가 신호를 보내기 때문이라는 것을 알 수 있습니다.

● 한 문장 정리하기

공포 영화를 볼 때 우리 몸에서 일어나는 변화를 한 문장으로 정리할 수 있습니다. 빈 곳에는 각각 '공포 영화', '변화', '신호'가 들어가야 합니다.

문해력 완성하기

정답

1 ③

2 ①

3 편도체

도움말

1 이 글은 공포 영화를 볼 때 편도체의 신호로 인해 우리 몸에서 일어나는 변화를 다루고 있습니다. 따라서 이 글의 주제는 ③입니다.

2 5문단의 마지막 문장을 보면 편도체가 작거나 없는 경우 공포를 느끼지 못한다는 미국의 연구 결과가 있다고 하였습니다. 따라서 ①의 내용은 바르지 않음을 알 수 있습니다.

3 제시된 글과 5문단의 내용을 참고하였을 때, 사람이 공포를 느끼면 뇌 속 편도체가 신호를 보내 몸의 변화를 일으키고, 위험을 피하게 해 주는 것을 알 수 있습니다. 따라서 빈칸에 들어갈 알맞은 낱말은 '편도체'입니다.

어휘력 완성하기

정답

1 ❶ ② ❷ ① ❸ ③

2 ❶ ㉢ ❷ ㉠ ❸ ㉡

3 ①

도움말

1 ❶의 '보다'는 '사람을 만나다', ❷의 '보다'는 '눈으로 대상의 존재나 형태를 알다', ❸의 '보다'는 '대상을 평가하다'라는 뜻입니다.

2 ❶의 빈칸에는 '마음을 조이고 정신을 바짝 차리는 느낌. 또는 분위기가 평온하지 않은 상태의 느낌'을 뜻하는 '긴장감'이 들어가야 하며, ❷의 빈칸에는 '일정한 간격을 두고 자꾸 되풀이하여 돎. 또는 그런 과정'을 뜻하는 '순환'이 들어가야 합니다. ❸의 빈칸에는 '기체나 액체 따위를 빨아들임'을 뜻하는 '흡입'이 들어가야 합니다.

3 제시된 문장의 '증가한다'의 기본형인 '증가하다'는 '양이나 수치가 늘다'라는 뜻으로 '늘어나다'와 비슷한 뜻입니다.

2일차

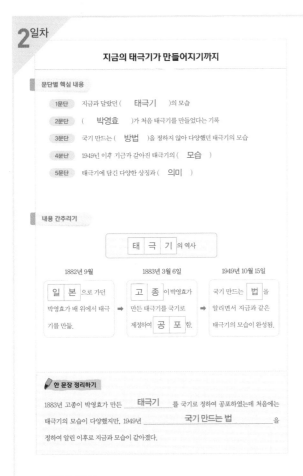

지금의 태극기가 만들어지기까지

문단별 핵심 내용

1문단 지금과 달랐던 (**태극기**)의 모습

2문단 (**박영효**)가 처음 태극기를 만들었다는 기록

3문단 국기 만드는 (**방법**)을 정하지 않아 다양했던 태극기의 모습

4문단 1949년 이후 기금과 같아진 태극기의 (**모습**)

5문단 태극기에 담긴 다양한 상징과 (**의미**)

내용 간추리기

태극기의 역사

1882년 9월 — **일본**으로 가던 박영효가 배 위에서 태극기를 만듦.

➡ 1883년 3월 6일 — **고종**이 박영효가 만든 태극기를 국기로 제정하여 **공포**함.

➡ 1949년 10월 15일 — 국기 만드는 **법**을 알리면서 지금과 같은 태극기의 모습이 완성됨.

한 문장 정리하기

1883년 고종이 박영효가 만든 **태극기** 를 국기로 정하여 공포하였는데 처음에는 태극기의 모습이 다양했지만, 1949년 **국기 만드는 법** 을 정하여 알린 이후로 지금과 모습이 같아졌다.

● **전체 핵심**

이 글은 지금과 같은 모습의 태극기가 만들어진 과정을 주로 다루고 있으므로, 이 글의 전체 핵심은 글에서 설명의 대상이 되는 '태극기'입니다.

● **전체 중심 문장**

이 글의 전체 중심 문장은 1문단의 마지막 문장입니다. 2~5문단은 처음 만들어진 태극기가 지금의 모습이 되기까지의 과정과 태극기의 의미에 대해 이야기하며 전체 중심 문장의 내용을 뒷받침하고 있습니다.

● **내용 간추리기**

'태극기'의 역사를 시간의 흐름에 따라 표로 정리할 수 있습니다. 2문단에 1882년 9월에 '일본'으로 가던 박영효가 배 위에서 태극기를 만들었다는 내용이, 1883년 3월 '고종'이 박영효가 만든 태극기를 국기로 제정하여 '공포'하였다는 내용이 제시되어 있습니다. 또한, 4문단을 살펴보면 1949년 10월 15일에 국기 만드는 '법'이 알려지면서 태극기의 모습이 지금과 같아졌다는 내용을 찾을 수 있습니다.

● **한 문장 정리하기**

태극기의 모습이 변해 온 과정을 한 문장으로 정리할 수 있습니다. 따라서 빈 곳에는 순서대로 '태극기', '국기 만드는 법'이 들어가야 합니다.

문해력 완성하기

정답

1 ①

2 ②

3 태극 문양

도움말

1 이 글은 지금과 같은 모습의 태극기가 만들어지기까지의 내용을 다루고 있습니다. 따라서 가장 알맞은 제목은 ①입니다.

2 박영효가 태극기를 만들기 전에도 태극기와 관련된 기록은 존재하였다는 내용이 2문단에 있으므로 수아의 말은 틀렸습니다. 대한민국 임시 정부는 「국기 통일 양식」을 발표했지만 국민들에게 널리 알려지지 않았다는 내용이 3문단에 있으므로 하영의 말도 틀렸습니다. 태극기의 모습이 지금과 같아진 때는 삼일 운동 당시가 아닌 1949년이라는 내용이 4문단에 있으므로 선우의 말도 틀렸습니다.

3 제시된 글과 5문단의 내용을 참고하였을 때, 태극기의 흰색 바탕 가운데에 위치하고 음과 양의 조화를 상징하는 것은 '태극 문양'입니다.

어휘력 완성하기

정답

1 ❶ 공포 ❷ 제정 ❸ 규격

2 ②

3 ①

도움말

1 '일반 대중에게 널리 알림'을 뜻하는 낱말은 '공포', '제도나 법률 따위를 만들어서 정함'을 뜻하는 낱말은 '제정', '제품이나 재료의 품질, 모양, 크기, 성능 등의 일정한 기준'을 뜻하는 낱말은 '규격'입니다.

2 빈칸에는 '제품이나 재료의 품질, 모양, 크기, 성능 등의 일정한 기준'을 뜻하는 '규격'을 넣어 '우체국의 규격 봉투는 20원이다.', '여권 사진은 정해진 규격대로 찍어야 한다.'라는 내용으로 완성할 수 있습니다.

3 '실정'은 '사정이나 정세 따위를 이리저리 헤아림'을 뜻하는 낱말이므로, 이와 비슷한 뜻을 가진 낱말은 '추측'입니다.

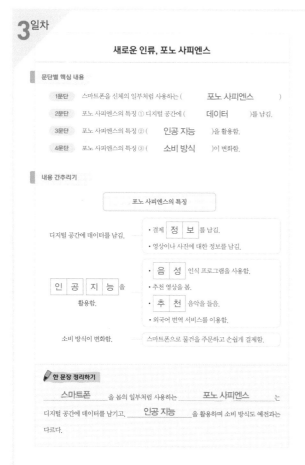

3일차

새로운 인류, 포노 사피엔스

문단별 핵심 내용

1문단 스마트폰을 신체의 일부처럼 사용하는 (**포노 사피엔스**)

2문단 포노 사피엔스의 특징 ① 디지털 공간에 (**데이터**)를 남김.

3문단 포노 사피엔스의 특징 ② (**인공 지능**)을 활용함.

4문단 포노 사피엔스의 특징 ③ (**소비 방식**)이 변화함.

내용 간추리기

포노 사피엔스의 특징

디지털 공간에 데이터를 남김. · 결제 **정 보** 를 남김.
· 영상이나 사진에 대한 정보를 남김.

인 공 지 능 을 활용함. · **음 성** 인식 프로그램을 사용함.
· 추천 영상을 봄.
· **추 천** 음악을 들음.
· 외국어 번역 서비스를 이용함.

소비 방식이 변화함. 스마트폰으로 물건을 주문하고 손쉽게 결제함.

✏️ 한 문장 정리하기

__스마트폰__ 을 몸의 일부처럼 사용하는 __포노 사피엔스__ 는 디지털 공간에 데이터를 남기고, __인공 지능__ 을 활용하며 소비 방식도 예전과는 다르다.

● 전체 핵심

이 글은 포노 사피엔스에 대해 주로 다루고 있습니다. 따라서 전체 핵심은 이 글에서 반복하여 제시되고 있는 '포노 사피엔스'입니다.

● 전체 중심 문장

이 글의 전체 중심 문장은 4문단의 마지막 문장입니다. 2~4문단은 스마트폰의 사용으로 인해 예전과는 다른 삶의 모습으로 살아가는 포노 사피엔스의 특징을 다루며 전체 중심 문장을 뒷받침하고 있습니다.

● 내용 간추리기

2~4문단에 제시된 포노 사피엔스의 특징을 간추려 정리할 수 있습니다. 2문단에서 포노 사피엔스는 디지털 공간에 결제 '정보'를 남긴다고 하였습니다. 또한 3문단에서 '음성' 인식 프로그램을 사용하고 인공 지능의 '추천' 음악을 들으며 '인공 지능'을 활용하는 포노 사피엔스의 특징을 찾아볼 수 있습니다.

● 한 문장 정리하기

포노 사피엔스의 의미와 특징을 한 문장으로 정리할 수 있습니다. 따라서 빈 곳에는 순서대로 '스마트폰', '포노 사피엔스', '인공 지능'이 들어가야 합니다.

문해력 완성하기

정답

1 ④

2 ④

3 스마트폰

도움말

1 이 글은 포노 사피엔스의 뜻과 특징을 다루고 있으므로, 이 글의 알맞은 주제는 ④입니다.

2 4문단에서 포노 사피엔스는 스마트폰에 미리 등록된 지문이나 카드 등을 활용하여 손쉽게 결제한다고 하였으므로, 물물 교환을 한다는 ④의 내용은 바르지 않습니다.

3 제시된 글은 스마트폰을 사용하면서 많은 디지털 정보를 남기게 되고, 이로 인해 사생활이 공개되거나 다른 사람이 개인 정보를 함부로 사용할 수 있다는 문제점을 지적하고 있습니다. 그러므로 빈칸에 들어갈 알맞은 낱말은 '스마트폰'입니다.

어휘력 완성하기

정답

1 ❶ㄷ ❷ㄱ ❸ㄴ

2 내장

3 ②

도움말

1 '돈 또는 다른 것을 주고받아 판매하는 사람과 구매하려는 사람 사이의 거래를 끝맺는 일'을 뜻하는 낱말은 '결제', '밖으로 드러나지 않게 안에 간직함'을 뜻하는 낱말은 '내장', '어떤 언어로 된 글을 다른 언어의 글로 옮김'을 뜻하는 낱말은 '번역'입니다.

2 '내장'은 '밖으로 드러나지 않게 안에 간직함'을 뜻하는 낱말입니다. 마이크와 스피커는 스마트폰 안에 들어 있고 부품도 컴퓨터 안에 들어 있으므로 '내장'이 가장 적절합니다.

3 〈보기〉에 제시된 두 낱말은 서로 반대되는 관계입니다. ②의 '입장'은 '어떤 곳으로 들어가는 것'을 뜻하고, '퇴장'은 '어떤 곳에서 물러나거나 자리를 뜨는 것'을 뜻하므로, 서로 반대되는 관계라고 볼 수 있습니다.

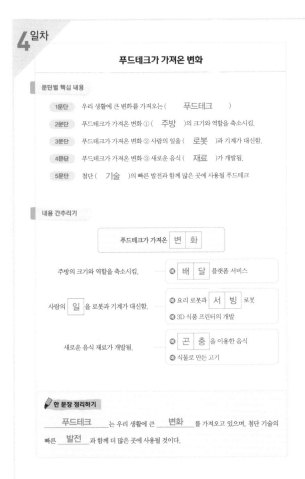

4일차

푸드테크가 가져온 변화

문단별 핵심 내용

1문단 우리 생활에 큰 변화를 가져오는 (푸드테크)

2문단 푸드테크가 가져온 변화① (주방)의 크기와 역할을 축소시킴.

3문단 푸드테크가 가져온 변화② 사람의 일을 (로봇)과 기계가 대신함.

4문단 푸드테크가 가져온 변화③ 새로운 음식 (재료)가 개발됨.

5문단 첨단 (기술)의 빠른 발전과 함께 많은 곳에 사용될 푸드테크

내용 간추리기

푸드테크가 가져온 변 화

주방의 크기와 역할을 축소시킴. — 예 배 달 플랫폼 서비스

사람의 일 을 로봇과 기계가 대신함. — 예 요리 로봇과 서 빙 로봇
예 3D 식품 프린터의 개발

새로운 음식 재료가 개발됨. — 예 곤 충 을 이용한 음식
예 식물로 만든 고기

✏️ 한 문장 정리하기

__푸드테크__ 는 우리 생활에 큰 __변화__ 를 가져오고 있으며, 첨단 기술의

빠른 __발전__ 과 함께 더 많은 곳에 사용될 것이다.

● 전체 핵심

이 글은 푸드테크가 우리 생활에 가져온 변화를 다루고 있으므로, 이 글의 전체 핵심은 '푸드테크'입니다.

● 전체 중심 문장

이 글의 전체 중심 문장은 1문단의 세 번째 문장입니다. 2~4문단에 걸쳐 푸드테크가 가져온 여러 변화를 다루며 전체 중심 문장의 내용을 뒷받침하고 있습니다.

● 내용 간추리기

푸드테크가 가져온 '변화'를 표로 정리할 수 있습니다. 2문단에서 주방의 크기와 역할을 축소시킨 예로 '배달' 플랫폼 서비스를 제시하고 있습니다. 3문단에서 사람의 '일'을 로봇과 기계가 대신하는 변화를 설명하며, 그 예로 요리 로봇과 '서빙' 로봇을 제시하고 있습니다. 4문단에서 새로운 음식 재료가 개발되는 변화의 예로 '곤충'을 이용한 음식을 예로 들고 있습니다.

● 한 문장 정리하기

푸드테크가 우리 생활에 큰 변화를 가져오고 있으며 앞으로 점점 더 많은 곳에 사용된다는 것을 파악하는 것이 핵심입니다.

문해력 완성하기

정답

1 ④

2 ○, ×, ○, ×

3 배달 플랫폼

도움말

1 이 글은 푸드테크로 인한 우리 생활의 변화에 대해 이야기하고 있으므로 정답은 ④입니다.

2 4문단에 식물로 만든 고기를 개발하는 것도 푸드테크의 일종이라는 내용이 제시되어 있으므로 혜원의 말은 틀렸습니다. 2문단에서 푸드테크로 인해 배달 플랫폼을 이용하는 사람이 점차 늘어나고 있다고 하였으므로 승화의 말도 틀렸습니다.

3 제시된 대화에서 조리 도구들은 음식을 조리하는 데 사용된 적이 없다고 말하며, 집에 오는 음식들에 대해 궁금해하고 있습니다. 이를 통해 배달 플랫폼을 이용하는 사람이 늘고 있음을 추측할 수 있습니다. 따라서 빈칸에 들어갈 알맞은 낱말은 '배달 플랫폼'입니다.

어휘력 완성하기

정답

1 ❶ ㉢ ❷ ㉡ ❸ ㉠

2 ③

3 ③

도움말

1 '변화'는 '사물의 성질, 모양, 상태 따위가 바뀌어 달라짐'을 뜻하는 낱말이며, '축소'는 '모양이나 크기 따위를 줄여서 작게 함'을 뜻하는 낱말입니다. '기술'은 '과학 지식을 실제로 적용하여 인간 생활을 이롭게 하는 수단'을 뜻하는 낱말입니다.

2 '끼쳤습니다'의 기본형 '끼치다'는 문맥에 따라 여러 뜻이 있습니다. '영향, 손해, 은혜 따위를 당하거나 입게 하다' 또는 '소름이 한꺼번에 돋아나다'라는 뜻으로 쓰일 수 있는데, 제시된 문장과 ①, ②, ④의 '끼치다'는 첫 번째 뜻으로 썼으며, ③의 '끼치다'는 두 번째 뜻으로 썼으므로 정답은 ③입니다.

3 '축소'는 '모양이나 크기 따위를 줄여서 작게 함'을 뜻하는 낱말로, 이와 반대되는 낱말은 '모양이나 규모 따위를 더 크게 함'을 뜻하는 '확대'입니다.

5일차

변화를 넘어 진화를 주장한 찰스 다윈

문단별 핵심 내용

1문단 동물들의 진화(과정)을 연구한 다윈

2문단 (자연 선택설)을 주장한 다윈

3문단 「종의 기원」을 통해 (진화론)을 발표한 (다윈)

4문단 혹독한 (비판)을 받았던 다윈의 발표

내용 간추리기

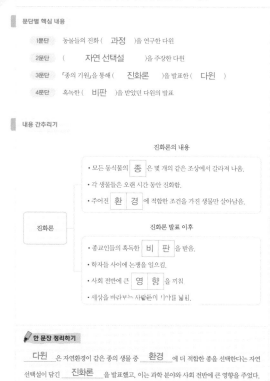

한 문장 정리하기

다윈 은 자연환경이 같은 종의 생물 중 환경 에 더 적합한 종을 선택한다는 자연 선택설이 담긴 진화론 을 발표했고, 이는 과학 분야와 사회 전반에 큰 영향을 주었다.

● 전체 핵심

이 글은 찰스 다윈의 진화론에 대한 글입니다. 따라서 전체 핵심은 '진화론'입니다.

● 전체 중심 문장

이 글의 전체 중심 문장은 4문단의 마지막 문장입니다. 1문단은 갈라파고스 제도의 동물들의 모습에 궁금함을 느낀 다윈을, 2문단은 자연 선택설을 주장한 다윈을, 3문단은 진화론을 발표한 다윈을, 4문단은 비판을 받았던 다윈의 진화론을 설명하고 있습니다.

● 내용 간추리기

진화론의 내용과 진화론 발표 이후의 상황으로 나누어 정리한 표입니다. 3문단에서 모든 동식물의 '종'은 몇 개의 같은 조상에서 갈라져 나왔으며, 주어진 '환경'에 따라 적합한 조건을 가진 생물만이 살아남는다고 하였습니다. 4문단에서 진화론은 종교인들의 혹독한 '비판'을 받았으나, 사회 전반에 큰 '영향'을 끼쳤다고 하였습니다.

● 한 문장 정리하기

다윈의 진화론에 대한 내용과 그 영향을 파악하는 것이 핵심입니다. 따라서 빈 곳에는 순서대로 '다윈', '환경', '진화론'이 들어가야 합니다.

문해력 완성하기

정답

1 ②

2 ○, ×, ○, ×

3 환경

도움말

1 이 글은 찰스 다윈의 진화론을 주로 다룬 글로, 이 글의 알맞은 주제는 '다윈의 진화론'입니다.

2 1~2문단에서 같은 종의 생물이라도 모습이 다를 수 있음을 알 수 있으므로 근민이 말한 내용은 틀렸습니다. 4문단에서 자연 선택설의 내용이 담긴 진화론이 발표되었을 때 종교인들로부터 혹독한 비판을 받았다고 하였으므로 세영의 말도 틀렸습니다.

3 제시된 글은 꿀샘관이 긴 난꽃의 모습으로 보아 먹이 환경에 알맞은 나방이 살고 있을 것이라는 다윈의 주장을 제시하고 있습니다. 3문단의 진화론의 내용을 토대로 빈칸에 들어갈 알맞은 낱말은 '환경'임을 알 수 있습니다.

어휘력 완성하기

정답

1 ❶ ㉠ ❷ ㉢ ❸ ㉡

2 ①

3 ③

도움말

1 '조건'은 '어떤 일을 이루게 하거나 이루지 못하게 하기 위하여 갖추어야 할 상태나 요소'를 뜻하며, '진화'는 '생물이 처음으로 생긴 이후부터 조금씩 변해 가는 현상'을 뜻합니다. '편리'는 '편하고 이로우며 이용하기 쉬움'을 뜻합니다.

2 제시된 두 문장에는 '사물의 성질, 모양, 상태 따위가 바뀌어 달라짐'을 뜻하는 '변화'가 들어가 '생활에 많은 변화가 일어난다', '기온 변화가 심하다'라는 내용의 문장으로 완성할 수 있습니다.

3 제시된 문장의 '적합하다'는 '일이나 조건 따위에 꼭 알맞다'라는 뜻을 가지고 있습니다. ③ '소개하다'는 '서로 모르는 사람들 사이에서 양편이 알고 지내도록 관계를 맺어 주다' 또는 '잘 알려지지 아니하였거나, 모르는 사실이나 내용을 잘 알도록 설명하다'라는 의미이므로 '적합하다'와 가장 거리가 먼 낱말입니다.

📖 54~57쪽

1일차

쓰레기로 예술 작품을 만들다, 정크 아트

문단별 핵심 내용

1문단 (　정크 아트　)의 의미

2문단 쓰레기를 (　예술　)의 재료로 활용하면서 시작된 정크 아트

3문단 다양한 (　쓰레기　)를 작품의 재료로 활용하는 정크 아트

4문단 (　환경 보호　)의 가치를 알리며 에코 아트로 불리는 정크 아트

내용 간추리기

뜻 — 쓰 레 기 를 활용한 미 술 작 품

재료 — • 종이, 고무 등의 폐 품 • 일상생활에서 나온 쓰레기 • 파도를 타고 밀려온 쓰레기

정크 아트

정크 아트 예술가 — • 로버트 라우센버그 • 노블과 웹스터 • 알레한드로 두란

영향 — • 환 경 오 염 에 대한 경각심을 일깨움. • 환경 보호의 가치를 알림.

한 문장 정리하기

정크 아트는 쓰레기를 활용한 미술 작품으로, <u>버려진 물건을 예술로 재탄생시킴</u> <u>으로써 환경 오염에 대한 경각심을 일깨우고 환경 보호의 가치를 알린다.</u>

● **전체 핵심**

이 글은 쓰레기를 활용한 예술 작품인 정크 아트를 다루고 있으므로 전체 핵심은 '정크 아트'입니다.

● **전체 중심 문장**

이 글의 전체 중심 문장은 4문단의 첫 번째 문장입니다. 1문단은 정크 아트의 의미를, 2문단은 정크 아트의 시작을, 3문단은 다양한 쓰레기를 재료로 활용하는 정크 아트를, 4문단은 환경 보호의 가치를 알리는 정크 아트를 설명하고 있습니다.

● **내용 간추리기**

이 글은 '정크' 아트의 뜻과 재료, 정크 아트 예술가, 정크 아트의 영향으로 나누어 정리할 수 있습니다. 1문단에서 정크 아트는 '쓰레기'를 활용한 '미술(예술) 작품'임을 알 수 있습니다. 2문단에서 정크 아트의 재료로 '폐품'을 사용한다고 하였으며, 2~3문단에 걸쳐 정크 아트 예술가를 제시하고 있습니다. 4문단에서 정크 아트는 '환경 오염'에 대한 경각심을 일깨워 준다고 하였습니다.

● **한 문장 정리하기**

정크 아트의 내용을 한 문장으로 정리할 수 있습니다. 빈 곳에 정크 아트의 영향에 대해 적었을 경우 정답으로 인정합니다.

문해력 완성하기

정답

1 ③

2 ①

3 정크 아트

도움말

1 이 글은 정크 아트의 의미와 영향에 대해 주로 이야기하고 있습니다. 따라서 이 글의 주제는 '환경 보호의 가치를 알리는 정크 아트'입니다.

2 ② 컴바인 페인팅 기법은 로버트 라우센버그가 활용한 기법입니다. ③ 정크 아트는 1950년대부터 알려지기 시작했다고 하였습니다. ④ 파도를 타고 밀려온 쓰레기를 활용해 설치 작품을 만든 예술가는 알레한드로 두란입니다.

3 제시된 글은 버려진 차를 납작하게 눌러 만든 정크 아트를 통해 현대 사회의 자원 소비를 비판하는 예술가에 대한 내용을 담고 있습니다. 따라서 빈칸에는 '정크 아트'가 들어가야 합니다.

어휘력 완성하기

정답

1 ❶ ㉡ ❷ ㉢ ❸ ㉠

2 ②

3 ③

도움말

1 '정신을 차리고 주의 깊게 살피어 경계하는 마음'을 뜻하는 낱말은 '경각심', '의견이나 문제를 내어놓음'을 뜻하는 낱말은 '제기'입니다. '못 쓰게 되어 버린 물품'을 뜻하는 낱말은 '폐품'입니다.

2 정크 아트 화가들은 쓰레기를 재료로 활용하여 예술 작품을 만듭니다. 따라서 ②의 밑줄 친 '생산'이 아닌, '활용'이라는 낱말이 들어가야 합니다.

3 페티이어는 쓰레기에 포함되는 말로, 두 낱말의 관계는 포함 관계입니다. ①, ②, ④은 모두 한 낱말이 다른 낱말에 포함되는 포함 관계이며, ③은 서로 비슷한 관계로 이루어진 낱말입니다.

2일차

침묵의 봄을 깬 레이첼 카슨

■ 문단별 핵심 내용

1문단 친구로부터 한 통의 편지를 받은 (레이첼 카슨)

2문단 DDT의 (위험성)을 알리기로 한 레이첼 카슨

3문단 살충제의 영향에 대해 조사한 「(침묵의 봄)」 출판

4문단 레이첼 카슨의 책이 출판된 이후 (변화)하기 시작한 사회

5문단 (환경 보호)를 위해 노력한 레이첼 카슨의 용기

■ 내용 간추리기

레이첼 카슨의 『침묵의 봄』

출판 전 DDT가 사람에게 **해** **로** **운** 곤충을 죽이는 고마운 약이라고 생각함.

↓

출판 후
• 살충제의 위험성을 알게 됨.
• 살충제로 인한 **환** **경** **오** **염** 의 심각성을 깨닫게 됨.
• 1972년 **미** **국** 에서 처음으로 DDT 사용을 금지함.
• 여러 나라가 DDT 사용 금지에 동참함.
• **살** **충** **제** 의 사용이 줄어듦.

✏️ 한 문장 정리하기

레이첼 카슨은 『침묵의 봄』을 출판하여 살충제의 위험성을 알리고, 사람들이 환경 오염의 심각성에 관심을 기울이게 만들었다.

● 전체 핵심

이 글은 레이첼 카슨의 책 『침묵의 봄』이 사회에 끼친 영향에 대한 설명문으로, 이 글의 전체 핵심은 책의 작가인 '레이첼 카슨'입니다.

● 전체 중심 문장

이 글의 전체 중심 문장은 4문단의 첫 번째 문장입니다. 3~4문단은 『침묵의 봄』이 출판되면서 사회에 끼친 영향을 서술하며 전체 중심 문장을 뒷받침하고 있습니다.

● 내용 간추리기

『침묵의 봄』이 출판되기 전과 후의 내용을 정리한 표입니다. 2문단에 책이 출간되기 전 사람들은 DDT가 '해로운' 곤충을 죽이는 고마운 약이라고 여겼다는 내용이 제시되어 있습니다. 3~4문단에 책이 출간되면서 사람들은 살충제로 인한 '환경 오염'의 심각성을 깨달았고, 1972년 '미국'이 처음으로 DDT 사용을 금지했으며, '살충제'의 사용이 줄어들었다는 내용이 언급되어 있습니다.

● 한 문장 정리하기

빈 곳에 사람들이 환경 오염의 심각성에 관심을 기울이게 만들었다는 내용 등 레이첼 카슨의 업적을 적었을 경우 정답으로 처리합니다.

문해력 완성하기

정답

1 ④

2 ③

3 환경 보호

도움말

1 이 글은 레이첼 카슨의 『침묵의 봄』이 출판되면서 사람들이 환경 보호에 관심을 기울이게 된 과정이 나타나 있습니다. 따라서 알맞은 주제는 ④입니다.

2 ① DDT가 발명되었을 당시 사람들은 DDT를 고마운 약이라고 생각했습니다. ② 『침묵의 봄』이 출판되자 살충제를 만드는 회사는 레이첼 카슨을 비난하고 협박했습니다. ④ 레이첼 카슨의 친구가 기르던 새가 죽었습니다.

3 제시된 독후감과 4문단을 참고하였을 때, 『침묵의 봄』이 출판된 이후 사람들은 환경 보호에 관심을 기울이게 되었습니다. 따라서 빈칸에 들어갈 알맞은 낱말은 '환경 보호'입니다.

어휘력 완성하기

정답

1 ❶ 동참 ❷ 소신 ❸ 영향력

2 ②

3 ③

도움말

1 '어떤 모임이나 일에 같이 참가함'을 뜻하는 낱말은 '동참'이며, '굳게 믿고 있는 바. 또는 생각하는 바'를 뜻하는 낱말은 '소신'입니다. '어떤 사물의 효과나 작용이 다른 것에 미치는 힘'을 뜻하는 낱말은 '영향력'입니다.

2 벌레를 잡는 약이지만, 사람에게 해를 끼치는 것은 '살충제'입니다.

3 '출판'은 '서적이나 회화 따위를 인쇄하여 세상에 내놓음'을 뜻합니다. '출간'도 이와 비슷한 뜻의 낱말입니다.

3일차

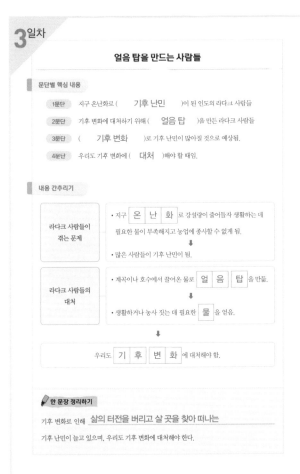

얼음 탑을 만드는 사람들

문단별 핵심 내용

1문단 지구 온난화로 (기후 난민)이 된 인도의 라다크 사람들

2문단 기후 변화에 대처하기 위해 (얼음 탑)을 만든 라다크 사람들

3문단 (기후 변화)로 기후 난민이 많아질 것으로 예상됨.

4분난 우리도 기후 변화에 (대처)해야 할 때임.

내용 간추리기

라다크 사람들이 겪는 문제	• 지구 온 난 화 로 강설량이 줄어들자 생활하는 데 필요한 물이 부족해지고 농업에 종사할 수 없게 됨. • 많은 사람들이 기후 난민이 됨.
라다크 사람들의 대처	• 계곡이나 호수에서 끌어온 물로 얼 음 탑 을 만듦. • 생활하거나 농사 짓는 데 필요한 물 을 얻음.

우리도 기 후 변 화 에 대처해야 함.

한 문장 정리하기

기후 변화로 인해 삶의 터전을 버리고 살 곳을 찾아 떠나는 기후 난민이 늘고 있으며, 우리도 기후 변화에 대처해야 한다.

● **전체 핵심**

이 글은 기후 변화로 인해 삶의 터전을 떠나야만 하는 기후 난민을 다루고 있습니다. 따라서 전체 핵심은 '기후 변화'와 '기후 난민'입니다.

● **전체 중심 문장**

이 글의 전체 중심 문장은 4문단의 마지막 문장으로, 삶의 터전을 잃어버리기 전에 우리 스스로 기후 변화에 대처하자고 이야기하고 있습니다.

● **내용 간추리기**

1문단에 지구 '온난화'로 인해 라다크 사람들이 생활하는 데 필요한 물이 부족해졌다는 내용이 제시되어 있습니다. 2문단에서 라다크 사람들은 '물'을 얻기 위해 계곡이나 호수에서 끌어온 물로 '얼음 탑'을 만들었다는 것을 확인할 수 있습니다. 또한, 4문단에서 우리도 '기후 변화'에 대처해야 한다는 글쓴이의 주장을 확인할 수 있습니다.

● **한 문장 정리하기**

기후 변화에 대치해야 한다는 글쓴이의 주장이 드러나도록 한 문장으로 정리할 수 있습니다. 빈 곳에는 기후 난민의 의미에 대한 내용이 들어갔을 경우 정답으로 처리합니다.

문해력 완성하기

정답

1 ③

2 ①

3 환경을 위한 행동을 직접 실천해야 한다.

도움말

1 이 글은 기후 변화로 생긴 기후 난민에 대해 다루면서 기후 변화에 대처해야 한다고 이야기하고 있습니다.

2 3문단에서 2050년이 되면 기후 난민이 1억 명에 이를 것이라고 하였습니다. 그러므로 ① 기후 난민이 줄어들 것이라는 내용은 바르지 않습니다.

3 제시된 글은 환경 운동가 툰베리가 친환경 요트를 타며 환경을 위해 행동하는 모습을 담고 있습니다. 또한 툰베리는 여러 나라들이 환경을 위해 직접 실천하지 않음을 비판하고 있습니다. 따라서 빈 곳에는 툰베리가 비판한 내용을 활용하여 '환경을 위한 행동을 직접 실천해야 한다'라는 의미의 내용이 들어가야 합니다.

어휘력 완성하기

정답

1 ❶ 척박 ❷ 종사 ❸ 대처

2 종사

3 ②

도움말

1 '땅이 기름지지 못하고 몹시 메마름'을 뜻하는 낱말은 '척박', '어떤 일을 일삼아서 함'을 뜻하는 낱말은 '종사', '어떤 상황이나 사건에 대하여 알맞은 조치를 취함'을 뜻하는 낱말은 '대처'입니다.

2 제시된 두 문장의 빈칸에는 '어떤 일을 일삼아서 함'을 뜻하는 '종사'가 들어가 '농업에 종사하다', '다른 직업에 종사하게 되다'라는 내용의 문장으로 완성할 수 있습니다.

3 〈보기〉의 두 낱말은 반대되는 관계의 낱말입니다. ①, ③, ④은 비슷한 뜻을 가진 낱말 관계이며, ② '요금이 없음'을 뜻하는 '무료'와 '요금을 내게 되어 있음'을 뜻하는 '유료'는 반대되는 낱말 관계입니다.

4 일차

아프리카에 에어컨이 없는 건물이 있다고?

문단별 핵심 내용

- **1문단** 아프리카 (흰개미)의 지혜를 떠올려 건물을 짓기로 한 믹 피어스
- **2문단** 큰 일교차에도 같은 온도를 유지하는 흰개미집의 (구조)
- **3문단** 공기의 (순환)으로 온도를 유지하는 흰개미집의 구조를 건물을 짓는 방식에 활용함.
- **4문단** 에너지를 (절약)하고 환경을 지키는 대표적인 건축물로 널리 알려짐.

내용 간추리기

실내 온도를 일정하게 유지하는 방법

흰 개 미 집
- 탑 모양의 형태
- 위아래로 많은 구 멍 이 뚫려 있음.
- 최적의 온도를 유지함.

공기의 순환으로 온도를 유 지 하는 구조

하라레의 쇼핑센터
- 차가운 공기가 들어오는 공 간 이 있음.
- 여러 개의 출입구가 있음.
- 환풍구로 내부 온 도 를 조절함.

한 문장 정리하기

건축가 믹 피어스는 <u>공기의 순환으로 온도를 유지하는 흰개미집의 구조를 활용해</u> 에너지를 절약하고 환경을 지키는 건물을 건축하였다.

● 전체 핵심

이 글은 흰개미집의 구조를 건축 방식에 활용한 건축물에 대한 이야기를 다루고 있습니다. 따라서 이 글의 전체 핵심은 글에서 반복하여 제시되고 있는 '흰개미집'과 '쇼핑센터'입니다.

● 전체 중심 문장

이 글의 전체 중심 문장은 4문단의 마지막 문장입니다. 나머지 문장들은 흰개미집의 구조를 건물 짓는 방식에 활용한 내용을 다루며, 전체 중심 문장을 뒷받침하고 있습니다.

● 내용 간추리기

흰개미집과 하라레의 쇼핑센터를 비교하여 간추린 표입니다. 흰개미집의 특징은 2문단에서, 쇼핑센터의 특징은 3문단에서 설명하고 있습니다. 따라서 빈칸에는 순서대로 '흰개미집', '구멍', '유지', '공간', '온도'가 들어가야 합니다.

● 한 문장 정리하기

빈 곳에는 건축가 믹 피어스가 건물을 짓는 방식에 활용한 방법이 들어가야 합니다. 따라서 흰개미집의 구조를 활용했다는 내용이 들어갈 경우 정답으로 인정합니다. 쇼핑센터의 구조에 관한 특징을 적었을 경우에도 정답으로 처리합니다.

문해력 완성하기

정답

1 ③

2 ②

3 구멍

도움말

1 이 글은 큰 일교차에도 최적의 온도를 유지하는 흰개미집의 구조를 활용한 건축물에 대해 다루고 있습니다. 따라서 이 글의 알맞은 제목은 '흰개미집의 구조를 닮은 건물'입니다.

2 3문단에서 건물의 지하층을 비워 차가운 공기가 들어올 수 있는 공간을 만들었다고 하였으므로, ②의 내용은 바르지 않습니다.

3 제시된 대화에서 개미들은 천장에 있는 구멍에 대해 이야기하고 있으며, 2~3문단의 내용을 참고하였을 때 흰개미들은 최적의 온도를 유지하기 위해 구멍을 여닫는 것을 알 수 있습니다. 따라서 빈칸에 들어갈 알맞은 낱말은 '구멍'입니다.

어휘력 완성하기

정답

1 ❶ ㉢ ❷ ㉡ ❸ ㉠

2 역할

3 ②

도움말

1 '어떤 상태나 상황을 보존하거나 변함없이 계속하여 지탱함'을 뜻하는 낱말은 '유지', '안쪽의 부분'을 뜻하는 낱말은 '내부', '하루 동안의 최고 기온과 최저 기온의 차이'를 뜻하는 낱말은 '일교차'입니다.

2 제시된 두 문장의 빈칸에는 '자기가 마땅히 하여야 할 맡은 바 직책이나 임무'를 뜻하는 '역할'이 들어가 '주장을 맡기로 했다', '맡은 역할에 최선을 다하기로 약속했다'라는 내용의 문장으로 완성할 수 있습니다.

3 '조절'은 '균형이 맞게 바로잡거나 적당하게 맞추어 나간다'는 뜻으로, '조정'과 비슷한 뜻의 낱말입니다.

5일차

지구를 위험하게 만드는 1℃

문단별 핵심 내용

1문단 이상 기후 현상의 (원인)이 되는 지구의 평균 기온 상승

2문단 지구의 평균 기온 상승이 일으키는 문제 ① 각종 (자연재해)

3문단 지구의 평균 기온 상승이 일으키는 문제 ② 병해충이 (증가)함.

4문단 지구의 평균 기온 상승이 일으키는 문제 ③ 인류에게 큰 (위협)이 됨.

내용 간추리기

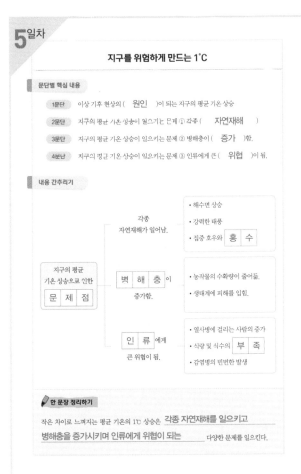

한 문장 정리하기

작은 차로 느껴지는 평균 기온의 1℃ 상승은 <u>각종 자연재해를 일으키고</u> <u>병해충을 증가시키며 인류에게 위협이 되는</u> 다양한 문제를 일으킨다.

● **전체 핵심**

이 글은 지구의 평균 기온 상승으로 인한 문제점에 대해 알려 주는 설명문입니다. 따라서 이 글의 전체 핵심은 '지구의 평균 기온 상승'입니다.

● **전체 중심 문장**

이 글의 전체 중심 문장은 1문단의 마지막 문장입니다. 2~4문단에 걸쳐 지구의 평균 기온 상승이 일으키는 여러 문제의 예를 다루며 전체 중심 문장의 내용을 뒷받침하고 있습니다.

● **내용 간추리기**

지구의 평균 기온 상승으로 인한 '문제점'을 간추린 표입니다. 2문단에서 집중 호우와 '홍수'와 같은 자연재해가 일어난다고 하였고, 3문단에서 '병해충'이 증가한다고 하였으며, 4문단에서 식량 및 식수의 '부족'과 같이 '인류'에게 큰 위협이 되는 문제가 일어난다고 하였습니다.

● **한 문장 정리하기**

지구의 평균 기온 상승이 다양한 문제를 일으킨다는 것을 파악하는 것이 핵심입니다. 빈 칸에는 다양한 문제의 예를 적었을 경우 정답으로 인정합니다.

문해력 완성하기

정답

1 ④

2 ③

3 기온 상승

도움말

1 이 글은 지구의 평균 기온 상승으로 인한 문제점을 다루고 있으므로, 이 글의 주제는 '지구의 평균 기온 상승이 가져오는 다양한 문제'입니다.

2 이 글을 뒷받침하는 자료는 2~4문단의 내용과 관련된 내용이어야 합니다. ③은 이 글에서 제시되지 않은 내용이므로, 이 글을 뒷받침하는 자료로 알맞지 않습니다.

3 제시된 뉴스는 기후 변화로 인한 산불, 집중 호우, 홍수와 같은 자연재해가 일어나 이재민들이 발생한다는 내용을 담고 있습니다. 지구의 평균 기온 상승으로 기후 변화가 일어나는 것이므로, 빈칸에 들어갈 알맞은 낱말은 '기온 상승'입니다.

어휘력 완성하기

정답

1 ❶ ㉢ ❷ ㉠ ❸ ㉡

2 ②

3 ④

도움말

1 '빈번하다'는 '잇따라 자주 있다'를 뜻하는 낱말이며, '혹한'은 '심한 추위'를 뜻하는 낱말입니다. '흡수'는 '빨아서 거두어들임'을 뜻하는 낱말입니다.

2 제시된 문장의 '이상'은 '정상적인 상태와 다름'을 뜻하는 낱말이며, ②의 '이상' 역시 같은 뜻으로 쓰였습니다. ①, ④의 '이상'은 '수량이나 정도가 일정한 기준보다 더 많거나 나음'을 뜻하며, ③의 '이상'은 '이미 그렇게 된 바에는'을 뜻합니다.

3 제시된 문장에서 '원인'은 어떤 사물이나 상태를 변화시키거나 일으키게 하는 근본이 된 일이나 사건'을, '결과'는 '어떤 원인으로 결말이 생김. 또는 그런 결말의 상태'를 뜻하며 두 낱말은 서로 반대되는 관계입니다. '양이나 수치가 늚'을 뜻하는 '증가'와 '양이나 수치가 줆'을 뜻하는 '감소' 역시 반대되는 관계의 낱말입니다.

1일차

영상에 소리를 입히다, 폴리 아티스트

📋 **문단별 핵심 내용**

- **1문단** (**폴리 아티스트**)의 의미
- **2문단** '폴리 아티스트'라는 말은 (**잭 폴리**)라는 사람의 이름에서 따왔음.
- **3문단** 장면 속 (**상황**)과 등장인물의 특징을 분석하는 폴리 아티스트
- **4문단** 소리의 다양한 (**재료**)를 찾아내는 폴리 아티스트
- **5문단** 평소에 다양한 소리를 (**탐색**)하는 폴리 아티스트

📋 **내용 간추리기**

| 폴 | 리 | 아 | 티 | 스 | 트 | 가 하는 일 |

장면 속 상황과 등장인물의 특징 분석	• 영상 속 **상 황** 을 분석 • 인물의 **감 정** 과 성격을 이해
소리의 다양한 재료 찾기	• **눈** 밟는 소리: 소금, 감자 전분 이용 • 총알이 장전되는 소리: **문 고 리** 이용 • 파도 소리: **쌀** , 플라스틱 통 이용
다양한 소리 탐색	쓰레기 문지르기, 고물 두들겨 보기 등

✏️ **한 문장 정리하기**

폴리 아티스트는 영상과 어울리는 소리를 만들기 위해 상황과 등장인물의 특징을 분석하고, 소리의 다양한 재료를 찾아내며, 다양한 소리를 탐색한다.

● 전체 핵심

이 글은 폴리 아티스트의 의미와 하는 일에 대해 주로 이야기하고 있으므로, 이 글의 전체 핵심은 '폴리 아티스트'입니다.

● 전체 중심 문장

이 글의 전체 중심 문장은 1문단의 마지막 문장입니다. 2문단은 폴리 아티스트라는 이름의 유래, 3~5문단은 폴리 아티스트가 하는 일에 대해 다루며 전체 중심 문장의 내용을 뒷받침하고 있습니다.

● 내용 간추리기

'폴리 아티스트'가 하는 일을 정리한 표입니다. 3문단에서 폴리 아티스트는 영상 속 '상황'을 분석하고, 인물의 '감정'과 성격을 이해한다고 하였습니다. 4문단에서 폴리 아티스트는 소금과 감자 전분을 이용해 '눈' 밟는 소리를, '문고리'를 이용해 총알이 장전되는 소리를, '쌀'과 플라스틱 통을 이용해 파도 소리를 만든다고 하였습니다.

● 한 문장 정리하기

폴리 아티스트가 하는 일을 한 문장으로 정리할 수 있습니다. 빈 곳에 3~5문단에서 언급된 폴리 아티스트가 하는 일을 적었을 경우 정답으로 인정합니다.

문해력 완성하기

정답

1 ④

2 ③

3 다양한 소리의 재료

도움말

1 이 글은 폴리 아티스트의 의미와 하는 일을 주로 다루고 있으므로, 이 글의 알맞은 주제는 ④입니다.

2 ③ 폴리 아티스트는 기존에 가지고 있던 재료만 이용하는 것이 아니라, 창의적인 재료나 방법을 찾아내어 소리를 만든다고 하였습니다.

3 제시된 글은 폴리 아티스트가 소리를 내기 위한 다양한 재료를 찾고 있음을 보여 주고 있습니다. 따라서 빈칸에 들어갈 알맞은 말은 '다양한 소리의 재료'입니다. '소리의 재료'라고 적었을 경우에도 정답으로 인정합니다.

어휘력 완성하기

정답

1 ❶ 반감 ❷ 탐색 ❸ 녹음

2 ❶ ㉠ ❷ ㉢ ❸ ㉡

3 ①

도움말

1 '절반으로 줄임'을 뜻하는 낱말은 '반감', '드러나지 않은 사물이나 현상 따위를 찾아내거나 밝히기 위하여 살피어 찾음'을 뜻하는 낱말은 '탐색', '테이프 또는 영화 필름 따위에 소리를 기록함'을 뜻하는 낱말은 '녹음'입니다.

2 ❶의 빈칸에는 '총포에 탄알이나 화약을 재어 넣는 일'을 뜻하는 '장전', ❷의 빈칸에는 '드러나지 않은 사물이나 현상 따위를 찾아내거나 밝히기 위하여 살피어 찾음'을 뜻하는 '탐색', ❸의 빈칸에는 '특별한 일이 없는 보통 때'를 뜻하는 '평소'가 들어가야 합니다.

3 ①의 '음향'은 '물체에서 나는 소리와 그 울림'을 뜻하는 낱말로, '물체의 진동에 의하여 생긴 음파가 귀청을 울리어 귀에 들리는 것'을 뜻하는 '소리'와 바꾸어 쓸 수 있습니다.

2일차

대화의 달인

문단별 핵심 내용

1문단 (　대화　)의 달인이 되기 위해 기억해야 할 것들

2문단 대화를 시작할 때 (　일상적　)인 것에 대해 가볍게 묻기

3문단 (　'나' 대화법　)과 '너' 대화법 기억하기

4문단 '그런데'아 '(　하지만　)' 적게 사용하기

5문단 문자 메시지는 (　짧게　) 남기기

6문단 대화의 (　기본　)은 듣는 것임을 기억하기

내용 간추리기

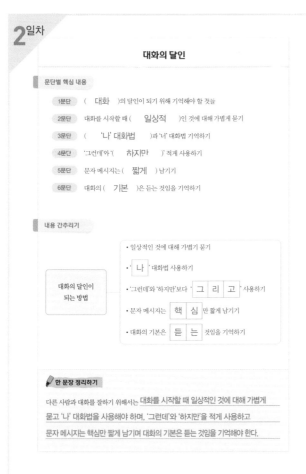

대화의 달인이 되는 방법
- 일상적인 것에 대해 가볍게 묻기
- '　나　' 대화법 사용하기
- '그런데'와 '하지만'보다 '　그　리　고　' 사용하기
- 문자 메시지는 　핵　심　 만 짧게 남기기
- 대화의 기본은 　듣　는　 것임을 기억하기

✏️ 한 문장 정리하기

다른 사람과 대화를 잘하기 위해서는 대화를 시작할 때 일상적인 것에 대해 가볍게 묻고 '나' 대화법을 사용해야 하며, '그런데'와 '하지만'을 적게 사용하고 문자 메시지는 핵심만 짧게 남기며 대화의 기본은 듣는 것임을 기억해야 한다.

● **전체 핵심**

이 글은 다른 사람과 즐겁게 대화하는 방법을 다루고 있습니다. 따라서 이 글의 전체 핵심은 글에서 반복하여 제시되고 있는 '대화'입니다.

● **전체 중심 문장**

이 글의 전체 중심 문장은 1문단의 마지막 문장입니다. 2~6문단은 대화를 즐겁게 하는 방법을 제시하며 전체 중심 문장의 내용을 뒷받침하고 있습니다.

● **내용 간추리기**

대화의 달인이 되는 방법에 대한 내용을 표로 정리할 수 있습니다. 3문단은 '나' 대화법 사용하기, 4문단은 '그리고' 사용하기, 5문단은 '핵심'만 짧게 담긴 문자 메시지 남기기, 6문단은 '듣는' 것이 대화의 기본임을 제시하고 있습니다.

● **한 문장 정리하기**

빈 곳에는 내용 간추리기에서 정리한 내용들, 즉 대화를 즐겁게 하기 위한 방법을 적었을 경우 정답으로 처리합니다.

문해력 완성하기

정답

1 ①

2 ②

3 ①

도움말

1 이 글은 다른 사람과 즐겁게 대화하는 방법에 대해 이야기하고 있습니다. 따라서 가장 알맞은 제목은 '다른 사람과 즐겁게 대화하는 방법'입니다.

2 ② 2문단에서 처음 만난 사람과 대화할 때 종교와 관련된 이야기는 하지 않는 것이 좋다고 했습니다.

3 제시된 대화에 3문단의 '나' 대화법을 적용할 수 있습니다. ①은 상대방이 아닌 '나'에 초점을 맞춰 이야기한 것이므로 '나' 대화법이 적용된 알맞은 예라고 할 수 있습니다.

어휘력 완성하기

정답

1 ③

2 ㉠ 일상적 ㉡ 권위적

3 ④

도움말

1 제시된 문장의 '주의'는 '어떤 한 곳이나 일에 관심을 집중하여 기울임'을 뜻합니다. ①의 뜻을 가진 '주의'는 '주의 사항'과 같이 쓰일 수 있으며, ④의 뜻을 가진 '주의'는 '주의를 받다'와 같이 쓰일 수 있습니다.

2 오빠가 어제에 이어 오늘도 심부름을 시켰다고 했으므로 ㉠에는 '날마다 볼 수 있는 것'을 뜻하는 '일상적'이 들어가야 합니다. 또한 오빠는 나이가 어린 사람은 나이가 많은 사람의 말을 당연히 들어야 한다며 자신의 권위에 복종하도록 하고 있으므로 ㉡에는 '남의 개성, 자유, 능력 등을 인정하지 않고 자기를 그대로 따르게 하려는 것'을 뜻하는 '권위적'이 들어가야 합니다.

3 제시된 문장에서 '어색했다'의 기본형인 '어색하다'는 '잘 모르거나 아니면 별로 만나고 싶지 않았던 사람과 마주 대하여 사귐스럽지 못하다'를 뜻하는 낱말입니다. 이와 반대되는 뜻의 낱말은 '자연스러웠다'입니다.

3 일차

고슴도치 딜레마의 극복

문단별 핵심 내용

1문단 (**고슴도치**) 딜레마의 의미

2문단 사람과 (**사람**) 사이에도 존재하는 고슴도치 딜레마

3문단 고슴도치 (**딜레마**)에 빠진 예

4문단 고슴도치 딜레마를 극복하기 위해 지키는 (**예의**)

내용 간추리기

| 고슴도치 딜레마 |

고슴도치

추위를 이겨 내기 위해 다가갔다가 가 시 에 찔려 다시 멀리 떨어짐.

↓

경험을 반복하며 온기를 느끼는 거 리 를 찾아냄.

사람

친 밀 감 을 느끼고 싶어 하다가도 괴로움을 겪을 때에는 거리를 두고 싶어 함.

↓

예의를 통해 적당한 거리를 지키며 고슴도치 딜레마를 극 복 함.

✎ 한 문장 정리하기

존중과 배려의 마음으로 서로 예의를 지키며 다른 사람과 적당한 거리를 유지한다면 고슴도치 딜레마를 극복할 수 있을 것이다.

● 전체 핵심

이 글은 고슴도치 딜레마에 대해 다루고 있으므로, 전체 핵심은 '고슴도치 딜레마'입니다.

● 전체 중심 문장

이 글의 전체 중심 문장은 4문단의 마지막 문장입니다. 1문단은 고슴도치 딜레마의 의미, 2문단은 사람 사이에도 존재하는 고슴도치 딜레마, 3문단은 고슴도치 딜레마에 빠진 예, 4문단은 고슴도치 딜레마의 극복에 대해 이야기하고 있습니다.

● 내용 간추리기

1문단에서 고슴도치는 서로에게 다가갔다가 '가시'에 찔려 다시 멀리 떨어지게 되고, 이와 같은 경험을 반복하며 서로 온기를 느끼는 '거리'를 찾는다고 하였습니다. 2~4문단에서 사람들은 서로 '친밀감'을 느끼고 싶어 하지만 괴로움을 겪을 때에는 거리를 두고 싶어 하며, 고슴도치 딜레마는 예의를 통해 '극복'할 수 있다고 하였습니다.

● 한 문장 정리하기

사람들이 고슴도치 딜레마에 빠졌을 때 예의를 지킴으로써 극복할 수 있다는 내용을 담아 이 글의 내용을 한 문장으로 정리할 수 있습니다.

문해력 완성하기

정답

1 ④

2 ①

3 예의를 지켜 적당한 거리를 유지해야 한다.

도움말

1 이 글은 고슴도치 딜레마의 의미와 고슴도치 딜레마를 극복하는 방법을 다루고 있습니다. 따라서 알맞은 주제는 ④입니다.

2 ① 1문단에서 고슴도치들은 '더위'가 아닌 '추위'를 피하려고 서로에게 다가간다고 하였습니다.

3 제시된 글은 모닥불에 너무 가까이 가면 화상을 입을 수 있고, 너무 멀어지면 추위를 느낄 수 있어 적당한 거리를 유지해야 한다는 내용을 담고 있습니다. 4문단의 내용을 참고했을 때, 사람 사이에도 적당한 거리를 지켜야 함을 알 수 있습니다. 따라서 빈 곳에는 '예의를 지켜 적당한 거리를 유지해야 한다' 또는 '예의를 지켜 적당한 거리를 유지하는 것이 좋다'라는 내용으로 적었을 경우 정답으로 처리합니다.

어휘력 완성하기

정답

1 ❶ 친밀감 ❷ 갈등 ❸ 선뜻

2 온기

3 ④

도움말

1 '지내는 사이가 매우 친하고 가까운 느낌'을 뜻하는 낱말은 '친밀감', '개인이나 집단 사이에 목표나 이해관계가 달라 서로 충돌함. 또는 그런 상태'를 뜻하는 낱말은 '갈등', '동작이 빠르고 시원스러운 모양'을 뜻하는 낱말은 '선뜻'입니다.

2 제시된 두 문장의 빈칸에는 '따뜻한 기운'을 뜻하는 '온기'가 들어가 '온기가 담긴 손길', '마음에 온기를 심어 주었다'라는 내용의 문장으로 완성할 수 있습니다.

3 '따뜻한 기운'을 뜻하는 '온기'와 '찬 기운'을 뜻하는 '냉기'는 서로 반대되는 관계인 낱말입니다. ④의 '어떤 상태나 상황을 그대로 보존하거나 변함없이 계속하여 지탱함'을 뜻하는 '유지'는 '중도에서 끊어지거나 끊음'을 뜻하는 '중단'과 반대되는 낱말입니다.

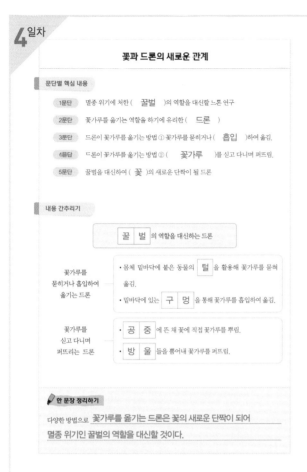

문해력 완성하기

정답

1 ①

2 ④

3 꽃가루를 퍼뜨립니다 (꽃가루를 뿌립니다)

도움말

1 이 글은 꽃가루를 옮기는 드론에 대해 언급하고 있으므로, 이 글의 알맞은 주제는 '꿀벌의 역할을 대신하는 드론'입니다.

2 ④ 4문단의 두 번째 문장에서 꽃가루를 공중에서 뿌리는 드론은 가루받이를 높은 확률로 성공시킨다고 하였습니다.

3 제시된 글은 배나무 밭에서 꿀벌의 역할을 대신하는 드론의 내용을 담고 있습니다. 빈 곳 앞부분에 '꽃가루를 직접 싣고 날아오른 드론은'이라는 부분이 있으므로, 빈 곳에는 드론의 역할인 '꽃가루를 퍼뜨립니다' 혹은 '꽃가루를 뿌립니다'라는 내용이 들어가야 합니다.

어휘력 완성하기

정답

1 ❶ ㉢ ❷ ㉡ ❸ ㉠

2 비행

3 ②

도움말

1 '가루받이'는 '식물에서 수술의 꽃가루가 암술머리에 옮겨 붙는 일'을 뜻하며, '식량 자원'은 '사람의 먹을거리가 되는 쌀, 콩 등의 자원'을 뜻하며, '방식'은 '일정한 방법이나 형식'을 뜻합니다.

2 제시된 두 문장의 빈칸에는 '공중으로 날아가거나 날아다님'을 뜻하는 '비행'을 넣어 '기나긴 비행을 시작했다', '13시간의 비행은 너무 지루했다'라는 내용의 문장으로 완성할 수 있습니다.

3 제시된 문장의 '생산'은 '인간이 생활하는 데 필요한 각종 물건을 만들어 냄'을 뜻합니다. 따라서 이와 반대되는 낱말은 '논이나 물자, 시간, 노력 따위를 들이거나 써서 없앨'을 뜻하는 '소비'입니다.

● **전체 핵심**

이 글은 꿀벌의 역할을 대신하는 드론에 대해 이야기하고 있습니다. 따라서 이 글의 전체 핵심은 글에서 반복하여 제시되고 있는 '드론'입니다.

● **전체 중심 문장**

이 글의 전체 중심 문장은 1문단의 마지막 문장입니다. 2~4문단은 꿀벌의 역할을 하기에 유리한 드론과 예를 언급하며 전체 중심 문장의 내용을 뒷받침하고 있습니다.

● **내용 간추리기**

'꿀벌'의 역할을 대신하는 드론을 표로 간추려 정리할 수 있습니다. 3문단에서 꽃가루를 묻혀 옮기는 드론은 몸체 밑바닥에 동물의 '털'이 붙어 있다고 하였으며, 꽃가루를 흡입하여 옮기는 드론은 '구멍'을 통해 꽃가루를 옮긴다고 하였습니다. 4문단에서 꽃가루를 싣고 다니는 드론은 '공중'에 뜬 채 꽃가루를 뿌리고, 또 다른 드론은 '방울'들을 뽑어내 꽃가루를 퍼뜨린다고 하였습니다.

● **한 문장 정리하기**

다양한 방법으로 꽃가루를 옮기는 드론이 꿀벌의 역할을 대신하고 있음을 파악하는 것이 핵심입니다.

5일차

벌이 사라지면 동물이 멸종한다고?

■ 문단별 핵심 내용

1문단 지구 생태계의 (**대들보**), 꿀벌

2문단 꿀벌이 감소하는 이유 ① (**기후 변화**)의 영향

3문단 꿀벌이 감소하는 이유 ② (**살충제**)의 사용

4문단 생태계 전반에 걸쳐 (**연쇄**)적인 관계를 맺고 있는 꿀벌

■ 내용 간추리기

꿀벌의 감 | 소 로 발생하는 일들

꿀벌의 도움을 받던 식 | 물 이 멸종 위기에 놓임.

↓

식물을 먹이로 삼는 초 | 식 동물이 멸종할 수 있음.

↓

육식 동물과 사람도 도 | 미 | 노 처럼 영향을 받음.

✏ 한 문장 정리하기

꿀벌은 생태계에서 중요한 역할을 하고 있으므로, 꿀벌의
감소는 식물, 동물, 사람에게까지 영향을 미친다.

● **전체 핵심**

이 글은 꿀벌이 사라지는 원인과 벌이 사라지면 생길 일에
대해 다루고 있습니다. 따라서 이 글의 전체 핵심은 '꿀벌'
입니다.

● **전체 중심 문장**

이 글의 전체 중심 문장은 4문단의 마지막 문장입니다.
1문단은 지구 생태계의 대들보 역할을 하는 꿀벌을, 2~3
문단은 꿀벌이 감소하는 이유를, 4문단은 생태계 전반에
걸쳐 연쇄적인 관계를 맺고 있는 꿀벌에 대한 내용을 다루
며 전체 중심 문장의 내용을 뒷받침하고 있습니다.

● **내용 간추리기**

꿀벌의 감소로 인해 발생하는 일들을 표에 순서대로 정리
할 수 있습니다. 따라서 빈칸 순서대로 '감소', '식물', '초식',
'도미노'가 들어가야 합니다.

● **한 문장 정리하기**

생태계에서 중요한 역할을 하는 꿀벌과 꿀벌의 감소로 인
해 발생하는 문제를 파악하는 것이 핵심입니다.

문해력 완성하기

정답

1 ④

2 ○, ✕, ○, ○

3 연쇄적인 관계를 맺고 있는 중요한 존재야

도움말

1 이 글은 꿀벌의 감소와 생태계와의 관계를 주로 다루
고 있으므로, 이 글의 알맞은 주제는 '꿀벌 수 감소와
생태계와의 관계'입니다.

2 3문단에서 살충제의 특정 성분이 꿀벌의 사회성을 떨
어뜨린다고 하였으므로, 지웅의 말은 틀렸습니다.

3 제시된 대화는 토마토를 맺는 꽃은 물론, 다른 식물 역
시 꿀벌의 도움을 받는다는 내용을 담고 있습니다. 따
라서, 빈 곳에 '연쇄적인 관계를 맺고 있는 중요한 존
재야'라는 말을 넣어 꿀벌이 생태계 전반에 걸쳐 중요
한 역할을 하고 있다는 내용으로 완성할 수 있습니다.
중요한 역할을 하고 있다는 내용만 들어가도 정답으로
인정합니다.

어휘력 완성하기

정답

1 ❶ ㉡ ❷ ㉠ ❸ ㉢

2 ①

3 ②

도움말

1 '연쇄적'은 '서로 연결되어 관련이 있는 것'을 뜻하는 낱
말이며, '제공'은 '무엇을 내주거나 갖다 바침'을 뜻하는
낱말입니다. '번식'은 '생물이 자기 자손을 낳아 유지하
고 늘리는 현상'을 뜻하는 낱말입니다.

2 제시된 대화의 빈칸에는 '둘 이상의 사람, 사물, 현상
따위가 서로 관련을 맺거나 관련이 있음. 또는 그런 관
련'을 뜻하는 '관계'가 들어가 '집안이 서로 미워하는 관
계만 아니었더라도'라는 내용의 문장으로 완성할 수 있
습니다.

3 제시된 문장의 '감소'는 '양이나 수치가 줆. 또는 양이나
수치를 줄임'을 뜻하는 낱말입니다. ② '증가'는 '양이나
수치가 늚'을 뜻하는 낱말로 '감소'와 반대되는 낱말입
니다.

MEMO

MEMO